Autores varios

Parnaso filipino

Antología de poetas del archipiélago magallánico
Prólogo, selección y notas
de Eduardo Martín de la Cámara

Barcelona **2024**
Linkgua-ediciones.com

Créditos

Título original: Parnaso filipino.

© 2024, Red ediciones.

e-mail: info@linkgua.com

Diseño de cubierta: Michel Mallard.

ISBN rústica: 978-84-9816-891-4.
ISBN ebook: 978-84-9897-622-9.

Cualquier forma de reproducción, distribución, comunicación pública o transformación de esta obra solo puede ser realizada con la autorización de sus titulares, salvo excepción prevista por la ley. Diríjase a CEDRO (Centro Español de Derechos Reprográficos, www.cedro.org) si necesita fotocopiar, escanear o hacer copias digitales de algún fragmento de esta obra.

Sumario

CRÉDITOS	4
BREVÍSIMA PRESENTACIÓN	21
A LA HONRADA MEMORIA DE MI PADRE	23
PRÓLOGO	25
CECILIO APÓSTOL	31
A RIZAL	33
A EMILIO JACINTO	36
SOBRE EL PLINTO	39
A ESPAÑA IMPERIALISTA	45
PAISAJE FILIPINO	48
LINEAS ACTUALES	49
JUAN ATAYDE	53
UN AÑO MENOS	55
DALMACIO H. BALAGTÁS	57
LÁGRIMAS	59
DULCEMENTE	60

HOMENAJE	61
JESÚS BALMORI	63
¡GLORIA!	65
LA VENGANZA DE LAS FLORES	66
EL VOLCÁN DE TAAL	68
EN EL CIRCO	69
BIENAVENTURANZA	70
A NUESTRO SEÑOR DON QUIJOTE DE LA MANCHA	71
TRÍPTICO REAL	73
CANTO A ESPAÑA	75
FLORENCIO G. BARBAZA	79
ELOGIO A TUS OJOS	81
FANTASÍA CREPUSCULAR	83
CATILINARIA	85
TRISTEZAS	88
JOSÉ MARÍA BARROSO-ARRIETA	91
CONSUMMATUM EST...!	93
ESPIRITUALIDAD	94

EL EUCALIPTO DEL PANTEÓN	95
VICENTE BAUTISTA	97
MAYO	99
REQUIESCAT...	100
MANUEL BERNABÉ	103
LO IMPOSIBLE	105
SOLDADO-POETA	106
¡CANTA, POETA!	107
BLASÓN	110
MI ADIÓS A ILOILO	111
CASTIDAD	112
ESPAÑA EN FILIPINAS	113
FERNANDO CANON	117
FLOR IDEAL	119
RIZAL ARTISTA	122
JESÚS CASUSO ALCUAZ	133
LAS CAÑAS	135
A ESPAÑA	137

- **ALMAS** — 139
- **ROSARIO DAYOT** — 141
- **A ESPAÑA** — 143
- **ENRIQUE FERNÁNDEZ LUMBA** — 145
- **LA MUJER** — 147
- **MIENTRAS DICEN...** — 148
- **A PLARIDEL** — 150
- **A MAGALLANES** — 151
- **LAS TRES BANDERAS** — 153
- **¿QUÉ MÁS DECIR...?** — 155
- **FERNANDO MARÍA GUERRERO** — 157
- **A FILIPINAS** — 159
- **BAJO LAS CAÑAS** — 162
- **FANTASÍA CARNAVALESCA** — 164
- **DOLORA DE PASCUA** — 168
- **MÁS QUE TODO, MI CRUZ...** — 170
- **LA BANDERA** — 172

MARCHA FÚNEBRE DE CHOPIN	174
ANTIFONARIO	176
ORACIÓN MATINAL	178
ORACIÓN DEL MEDIODÍA	179
ORACIÓN VESPERAL	180
ORACIÓN DE LA ALTA NOCHE	181
HORA CÁLIDA	182
LA ISLA HERMANA	183
ILANG-ILANG	186
EL DOLOR DE LAS CUARTILLAS VÍRGENES	188
A HISPANIA	191
NO CIERRES TU PUERTA	195
EL JARDÍN REDIVIVO	197
LAS DOS HOCES	200
VIAJE FANTÁSTICO	203
EL «KUNDIMAN»	204
COPA BOHEMIA	205

ETERNA HERIDA	207
ADELINA GURREA	209
EL NIDO	211
A MIS PRIMOS	215
EL FANTASMA DE MARÍA CLARA	219
DEL PRADO AMIGO	222
NO ESTÉS TRISTE	223
JOSÉ HERNÁNDEZ GAVIRA	225
NO ES MI MUSA…	227
PARA TI	228
LA ESPERANZA	229
EN LA HORA DEL CREPÚSCULO	230
CUANDO YO MUERA…	231
TIRSO DE IRURETA GOYENA	233
RECUERDOS	235
TRÍPTICO	239
JUNTO AL ALTAR	240

ARDIENTE AMOR	241
HERMANOS ESPAÑOLES	242
EMILIO JACINTO	243
A LA PATRIA	245
ANSELMO DE JESÚS Y VERGARA	249
A UNA ROSA	251
LA INFANCIA	252
LA SAMPAGUITA	253
EL HOMBRE	254
VICENTE DE JESÚS Y VERGARA	255
LO IMPOSIBLE	257
DESPUÉS DE TODO...	258
ROSARIO LAM	259
ASPIRACIÓN	261
ENRIQUE K. LAYGO	263
¡SIEMPRE IGUAL!	265
«TIRONG»	266

EDILBERTO LAZCANO — 267

DÍPTICO — 269

FASCINACIÓN — 271

LEONCIO G. MAGNO — 273

TROVA DOLOROSA — 275

A LA JUVENTUD FILIPINA — 278

FLORES OLVIDADAS — 280

AMOR DE MADRE — 281

ISIDRO MARFORI — 283

A SALVADOR RUEDA — 285

A UNA ESTRELLA — 286

LAS NOCHES DE CITA — 287

EL PÁSIG — 288

A LA GLORIA — 289

AL VOLCÁN APO — 290

EN LA MUERTE DE TIRSO DE IRURETA-GOYENA — 291

POR AMOR A ESPAÑA — 292

- **TRES SONETOS DE AMOR** — 294
- **ESTEBAN NEDRUDA** — 297
- **ANHELOS** — 299
- **MEDITACIÓN** — 301
- **LUIS F. NOLASCO** — 303
- **FLOR DE DOLOR** — 305
- **JOSÉ PALMA Y VELÁZQUEZ** — 307
- **MI REGALO** — 309
- **EN LA ÚLTIMA PÁGINA DEL NOLI ME TANGERE** — 312
- **DE MI JARDÍN** — 314
- **EN LA HAMACA** — 316
- **RIZAL EN CAPILLA** — 318
- **PEDRO A. PATERNO** — 321
- **SAMPAGUITAS** — 323
- **LA CRUZ** — 324
- **VICENTE PELÁEZ** — 329
- **HUÉRFANA** — 331

LORENZO PÉREZ TUELLS	333
ÍNTIMA	335
EN LA HUELLA LUNAR...	336
SALMOS	337
NEURÓTICA	340
EN HORA DE ILUSIONES	341
RECUERDO ARQUEOLÓGICO	342
MEDIEVAL	343
PASIONARIA	344
PIEDRAS PRECIOSAS	345
CLARO M. RECTO	347
EL ALMA DE LA RAZA	349
NOCHE DE MANILA	352
ORACIÓN AL DIOS APOLO	353
LAGUNA DE BOMBON	356
ELOGIO DEL CASTELLANO	358
ENVÍO	363

ROSAS DE CARNE	364
LAS DALAGAS FILIPINAS	366
LUZ DE LUNA	368
LA CHOZA DE NIPA	370
JOSÉ RIZAL Y ALONSO	373
MI PRIMERA INSPIRACIÓN	375
A LA JUVENTUD FILIPINA	377
¡ME PIDEN VERSOS!	379
EL CANTO DE MARÍA CLARA	382
MI RETIRO	383
CANTO DEL VIAJERO	388
A MI...	390
A LAS FLORES DE HEIDELBERG	394
ÚLTIMO ADIÓS	396
VICENTE A. SACRAMENTO	399
ERMITA	401
YO TE PERDONO	402

AGUSTÍN SEVA	403
EL GIGANTE DE LOS MARES	405
¡VEN!	409
TUS LÁGRIMAS	412
A SALVADOR RUEDA	415
JOSÉ R. TEOTICO	417
LA DALAGA DE MI TIERRA	419
TRILOGÍA IDEOLÓGICA	422
MEDITACIÓN	424
RAMÓN J. TORRES	425
ALMA MATER	427
ALEJO VALDÉS PICA	435
A LA LUZ MORIBUNDA…	437
LUCÍAN EN TU ESPALDA…	438
A SALVADOR RUEDA	439
ARTE DECORATIVO	441
PASTORAL	444

EN LA QUIETUD... _____ 446

SPLEEN _____ 447

ORACIÓN _____ 448

AUTOCONSOLACIÓN _____ 450

EL AMOR DE LOS AMORES _____ 453

¡BENDITA SEAS, PECADORA! _____ 454

ESTABA ESCRITO _____ 456

PACÍFICO VICTORIANO _____ 457

EN LA BRECHA _____ 459

ALTIVEZ TAGALA _____ 463

A EMILIO JACINTO _____ 465

EXCELSIOR _____ 468

A SALVADOR RUEDA _____ 472

FRANCISCO VILLANUEVA _____ 475

AWAKE... _____ 477

A MI PATRIA _____ 478

ANTONIO ZACARÍAS _____ 479

ESPAÑA INMORTAL 481

FLAVIO ZARAGOZA CANO 483

LA GOTA DE AGUA 485

PROEMIAL 487

POETAS ESPAÑOLES EN FILIPINAS 489

FELIPE A. DE LA CÁMARA 491

LA SAMPAGUITA 493

LA MESTIZA ESPAÑOLA 494

TOMÁS CÁRAVES 497

TOTA PULCHRA ES MARIA 499

MANUEL CASUSO 503

¡CÓNDOR, DAME TUS ALAS...! 505

¡QUÉ TERRIBLE DOLOR! 506

LÁGRIMAS 508

FRANCISCO DE LA ESCALERA 509

AÑO NUEVO 511

ANTE LA DERROTA DE MONTOJO, EN CAVITE 515

JOSÉ MARÍA GARCÍA COLLADO _____ 517

A MANILA _____ 519

¡FACILÍSIMO...! _____ 523

AMBICIÓN CESARISTA _____ 524

NOCHEBUENA DE 1887 _____ 525

FRAY GRACIANO MARTÍNEZ _____ 527

FILIPINAS _____ 529

ANGELINA DE MOLINA DEL PANDO _____ 535

TUS MANOS _____ 537

EL MARTIRIO DE MI VIDA _____ 538

TU PORVENIR _____ 539

FLOR VALENCIANA _____ 540

JOAQUÍN PELLICENA Y CAMACHO _____ 541

ASPIRACIÓN _____ 543

EVOCACIÓN _____ 545

CANCIONERO DE MANILA _____ 547

CARLOS PEÑARANDA Y ESCUDERO _____ 549

AL CUMPLIR CUARENTA AÑOS	551
A UN PALO DEL TELÉGRAFO	552
ÁNGELA PEREJAMO MORALES	553
A LA MEMORIA DE MI HIJA	555
MANUEL ROMERO DE AQUINO	557
PERDÓNAME...	559
¡ADIÓS, LA NAVE!	562
A MI LIRA	564
ROMANCERO FILIPINO	567
LUIS SEGURA Y MIRALLES	579
EL OLVIDO	581
MI TESORO	582
SONETO CLÁSICO	583
JOSÉ TORAL Y SAGRISTÁ	585
EN LA RENDICIÓN DE MANILA	587
AGUAFUERTE	591
SUEÑOS	592
LIBROS A LA CARTA	595

Brevísima presentación

La presente antología, hecha en los años veinte, contiene algunos de los mejores poemas escritos en castellano en Filipinas en un periodo comprendido entre los finales del siglo XIX y los inicios del XX. Las notas biográficas son las originales de la primera edición y reflejan el punto de vista de la época.
Preferimos ser fieles al original y mantener estas observaciones, por demás bastante idiosincrásicas, que en ocasiones juzgan a los poetas y sus poemas. Es el carácter testimonial de las mismas lo que nos hizo respetarlas.

A la honrada memoria de mi padre
Eduardo Martín de la Cámara y Dávila,

Notario que fue de Manila; «español a ultranza; humano, fraterno y justo, cuando el serlo, bajo aquel» «medio», «despertaba suspicacias»...
E. M. De la C. y M.

PRÓLOGO

No te alebres, lector, al afrontar el título de este volumen, imaginando que van a servirte versos escritos en todas o algunas de las treinta y tantas lenguas vernáculas del Archipiélago Filipino. Ni yo sabría aderezar ese manjar, ni tú cómo catarle. Sobre que tal poesía es parva, «difícil de exponer», según el ilustrado erudito de allá don Epifanio de los Santos Cristóbal, y con la antinomia de ser sus cultivadores, tanto o más que los autóctonos, misioneros españoles, en rimas «a lo divino», enderezadas a inyectar la fe de Cristo en los corazones isleños.

Los poetas son filipinos, pero los versos castellanos.

Por los dedos pueden contarse los vates indígenas en nuestro romance durante los tres siglos y pico de dominación hispánica. W. E. Retana[1] nota tres hasta 1896: Atayde, Paterno y Rizal. Hubo algunos más: Seva, quejumbrón cantor de Charing (que aquí diríamos Rosarito); Manolo Rávago, en números de pura ortodoxia; Juan Caro y Mora, Hermógenes Marcó, Isabelo de los Reyes, etc., y ciertos bardos de ocasión aspirantes a la láurea en los certámenes patrióticos y religiosos, mocerío casi siempre adoctrinado en el «Ateneo» de la Compañía. Hasta 1898, año límite de nuestro señorío, fue meñique la falange versificadora, ¿Motivos? Retana aduce dos: la censura de imprenta y el desconocimiento del castellano literario por la mayor parte de los filipinos netos. Con la primera —ejercida por funcionarios a tono con el ambiente, de patriotismo anquilosado, dignos de las covachuelas de Fernando VII— sobra para justificar la inanidad del Arte egregio que no admite trabas ni menoscabos, solo germinante en la gleba arada con reja de libertad y de justicia.

Cuanto a la propagación del castellano, prueba Retana, documentalmente, cómo la coercieron los frailes —excepción los jesuitas— contrariando espíritu y letra de sucesivas reales cédulas metropolitanas. Cuán poco valió la treta lo demuestra no haber finado 1898 sin que vieran la luz pública composiciones de los más altos metrificadores tagalos, Cecilio Apóstol, Fernando María Guerrero y José Palma, seguramente florecidas en aquellos retirados cenáculos donde se hacía literatura y revolución.

¿Están todos los que son y son todos los que están? Creemos sinceramente que sí. De los «inolvidables» no debe de faltar ninguno. Si se advierte llenu-

---
1 *De la evolución de la Literatura Castellana en Filipinas. Los Poetas*, Madrid, 1909.

ra en la selección, entiéndase que el editor tiene sus exigencias y que este volumen ha de contar predeterminado número de páginas. Por añadidura, tratándose de exhumar una literatura inédita para muchedumbre de españoles, pide la discreción entregar al lector los mayores elementos de juicio en cantidad y calidad.

Poetas se hallarán capaces de medirse con los consagrados nuestros: tales Guerrero y Apóstol. Rizal, Bernabé, Recto, Palma, Balmori, Pérez Tuells, Victoriano, Torres, Marfori, muéstranse también versificadores de inspiración y enjundia, sin desdeñar a los otros, ni a ninguno, como explícitamente demuestra la recolección de su cosecha pimplea. Pero no queremos trocar en índice lo que es prólogo. Además, bueno es dejar un margen al leyente para que, con su propia solercia, espigue en el Florilegio lo bello y lo galano.

La poesía filipina, por la época de su gestación, brota —¡en castellano!— algo hostil a la Metrópoli exdominadora. No pudiéndose evitar el idioma, esquívanse los únicos razonables modelos, nuestros clásicos y nuestros modernos, yendo los bardos a beber las castalias aguas en los «parnasianos» y simbolistas franceses y en los modernistas hispano-americanos. En éstos, singularmente. El «azul» y los lirios y rosas líricos de Rubén coloran y perfuman la nueva poesía ultramarina. Chispea el

«anillo de oro hecho pedazos,
que ya no es anillo, pero siempre es oro»,

De Santos Chocano. ¡Y cuán equivocados los neo-versificadores, si así creyeron librarse de hispanismo! ¡El autor de la «Sonatina» es poeta excelso porque hay muchos, muchos clásicos españoles en su educación literaria; y Mallarmé, por solo citar un ejemplo, es chozno de Góngora!...

Es poeta elegante y lapidario Cecilio Apóstol, en cuyos números campa serenidad clásica. Bebió el licor ático en búcaro francés, posibles divinos «alfareros» Moreas o Heredia, no nacidos en Francia.

Otro vate plenamente logrado es Fernando María Guerrero, «príncipe de los líricos filipinos». En nuestra opinión desautorizada es el exponente etnológico, el poeta malayo por excelencia, el que más hondamente siente su raza. En «Ilang-ilang, El Kundiman, A Filipinas, Bajo las cañas»... vibra aquel alma tagala tan incomprendida, psiquis sin complicaciones ni morbosidades, primitiva, melancólica, paciente, siempre opresa y nostálgica de libertad, nervea y con arrestos en las ocasiones altas.

Trasciende en Bernabé, con muy gallardas estrofas en su obra, la preparación latina e hispano-clásica. También en Pacífico Victoriano y en Ramón J. Torres, poetas vigorosos.

Recto —discípulo de Guerrero como Marfori— luce amplio léxico, rico de color. Es lírico verdadero. ¡Si no se repitiera!

Palma, de estro enfermizo, fue delicado, noble y correcto.

Balmori es desigual. Tiene temperamento. Sabe decir muy bellamente..., cuando quiere.

Pérez Tuells ha de cuajarse. Ya da mucho. Más promete.

En la lira femenina el cordaje más melodioso pertenece a Adelina Gurrea, toda sentimiento y emoción.

Y asombrárase el leyente de que no haya aparecido todavía el nombre del doctor Rizal, cuya soberana poesía «Ultimo Adiós» ha recorrido el orbe. Sí, Rizal fue poeta; pero secundariamente. Su rasgo característico, bastante a oscurecer otras modalidades de su mentalidad, fue el de revolucionario: dentro de este amplio círculo están insertos el científico, el literato y el políglota. Cultivó todas las artes bellas, pero siempre disfrazada de musa la obsesión de manumitir y dignificar a su patria. Como poeta, le superan Guerrero y Apóstol. En toda esa labor apolínea, aun sin cumplir —prescindiendo de los precursores— el cuarto de siglo de existencia, abundan inspiraciones gemelas: cantos a la patria, a la nacionalidad y la independencia, a los héroes epónimos —Rizal, Mabini, Jacinto, Bonifacio— loanzas de lo aborigen... A las veces —¡ay! con demasiada frecuencia— y asombrados de discurrir sobre aquel bravío paisaje, surgen «Mimí», los violines de Versalles y el tacón rojo. Aun la metrificación suele ser exótica. Pero hay ternuras como la de Guerrero, tejiendo su canto «A Hispania» en el romance rotundo de los abuelos peninsulares.

Los poetas de este Parnaso, por lo general, no parecen descubrir en su solar motivos de inspiración. Porque los encuentra, elogia Guerrero a Marfori en el proemio de «Aromas de ensueño». Ni el paisaje, tan sugeridor, les tienta, de lo que se duele el ya citado erudito de los Santos Cristóbal en el prólogo a «Palomicas de mi palomar», de Felipe A. De la Cámara. Acaso lamentos tales obraron como nervino sobre algunas idiosincrasias, pues Apóstol, Recto, Valdés, Marfori, en composiciones recientes, plasman sensaciones de aquella prodigiosa Naturaleza.

Recapitulación de tildes. Es frecuente en los filipinos, aun los ilustrados, el sesear, defecto emergente de carecer del fonetismo de la «ce» sus lenguas vernáculas. De ahí el aconsonantar «besos» con «rezos» y «sonrisa» con «sinfoniza». Otro vate consuena «jazmín» con «jardín», lo que es menos explicable. Un tercero, queriendo decirle «rimador» a Rueda le dice «rimero», cosa bien distinta... Pero no desmenucemos. En la construcción, es anomalía reiterada la de emplear los varios modos de los verbos cual si tuvieran igual valor en el tiempo.

Atañe este tema de los poetas filipinos pronunciándose por el castellano, a otro de transcendencia nacional: la perdurabilidad de nuestro idioma en el lejano Oriente.

Norteamérica hizo, hace y hará lo posible por desarraigarle. Es un hecho que desde 1911 el lenguaje oficial obligatorio de las islas es el inglés; pero otro que dos años antes, o sea a los once de férula «yanqui», se publicaban en el Archipiélago 79 periódicos, de los que 29 estaban redactados en castellano, 15 en lenguas vernáculas, 16 en castellano y lenguas vernáculas, 11 en inglés, 1 en castellano, inglés y lengua vernácula y 7 en castellano e inglés.[2] Ahora mismo, *La Vanguardia* y *El Debate*, los diarios filipinos de mayor autoridad y circulación, en castellano se imprimen. Es también un hecho que de los 40 poetas insulares catalogados en esta Antología poseen el inglés cuantos moran en las islas; pero otro que todos escriben ¡y sienten! sus composiciones en castellano. Y así, cuando vemos como título de una el «Awake» britano en lugar del español, «Despierta», nos sentimos sorprendidos, como defraudados...

No parece próxima la concesión al solar rizalino de la independencia que ansía. Tanto peor para el idioma inglés. Porque el nacionalismo, henchido de brillantes poetas y prosistas, por dar en rostro al detentador, más ahincadamente empleará y propagará nuestro romance.

---

2 «El idioma castellano en Filipinas.» Artículo de Antonio Medrano en la revista *Cultura Filipina*. n.º I, abril de 1•••

Y arribada la independencia, que al fin ha de llegar, insuficientes las lenguas vernáculas para las relaciones exteriores, así como el Japón, en trance parigual, escogió el inglés, el nuevo estado, si cae del lado del corazón, elegirá el castellano. Al fin, el área de los países de habla hispana es superior al área de los territorios de habla inglesa, y como idioma internacional el imperio del castellano será creciente, por lo prolífico de la raza, por el desarrollo de las jóvenes repúblicas de América, por haber sustituido su enseñanza a la del inglés y francés en las naciones que cuando la gran guerra lucharon frente a la «Entente», y por extenderse el cultivo en las de ésta misma, con vistas a los mercados del Nuevo Mundo.

¡Sean los bardos tagalos paladines en su dorada Malasia del idioma colonizador!

Que «en Flandes se puso el Sol»; pero para la lengua castellana no se ha puesto todavía...

Algunas líneas para justificar la incorporación al Parnaso de la sección consagrada a los «Poetas españoles en Filipinas».

Apenas esgrimiendo el plectro, durante nuestra dominación, los nativos, por las razones apuntadas, ¿era posible que una robusta colonia de españoles alentara sin ejercitar el noble arte de la Poesía? No, por cierto. Siempre hubo poetas, pero más desde que la prensa fuese extendiendo. El culto estuvo reservado a una minoría de peninsulares, que, sin entrar de lleno en el país, estimándose transeúntes, no recibieron la sugestión de aquellas almas ni de aquella Naturaleza. A que la inspiración poética volara rastrera contribuyeron el medio y la censura de imprenta, también aplicada a la raza dominadora. Era de mal tono loanzar al país sin muchas reservas y alguna ironía; y quien con perennidad lo hiciera, corría el riesgo de que le apellidaran filibustero...

Aquellos metrificadores hispanos fueron, por lo común, «poetas de "Madrid Cómico", fabricantes de versitos festivos, sin pretensiones» ni transcendencia. De los que merecieron dictado de poetas se han recogido muestras. Hay entre ellos dos, Manuel Romero de Aquino y José García Collado, sobre cuya obra requerimos la atención del lector. Peninsulares ambos; pero emigrantes en edad moza al Archipiélago, allí besaron las pimpleides su frente de elegidos. Allí murieron, desconocidos de la tierra del aborlio. Mostráronse vates verdaderos, aun bajo el yugo de la censura, y habrían lucido como tales en los senos de cualquier mundo literario.

No sin esfuerzo hanse juntado los materiales del presente FLORILEGIO. Para seleccionar lo moderno, la enorme distancia entre aquende y allende y la inveterada pereza —por poetas y por filipinos— de los vates luego arracimados, nos amontonaron dificultades. Por suerte, hanos acorrido la sacra amistad, personificada en Adelina Gurrea, gentil poetisa insular, morante ahora en España, y en dos ilustres directores de periódico, que son algo más que periodistas: José María Romero Salas, de *El Mercantil*, de Manila en esta oceánica ciudad conocido, entre literatos, por «El Maestro», y Joaquín Pellicena Camacho, eximio periodista en España. Con generosidad ejemplar de artistas enamorados de la Belleza y del Bien, nos han franqueado libros y papeles donde el alma malaya dejó su emoción lírica... Váyales nuestra gratitud, que no es una palabra más, sino un cordial latido del corazón.

Ahora, lector, déjame, porque yo te dejo. Tú vas ganando. Avanza la procesión de poetas...

Eduardo Martín de la Cámara

Alcalá de Henares, ciudad abuela del «Quijote», septiembre, 1922.

Cecilio Apóstol
Nació en Manila —humilde su cuna como la de Plauto— el 22 noviembre 1877. Fue bachiller por el Ateneo municipal, que regentaban los Jesuitas; y abogado, 1903, mediante exámenes ante la Corte Suprema de Manila. Comenzó a escribir, adolescente, en periódicos españoles de su ciudad natal. Su salida al mundo de las letras fue en *El Comercio*, 1895, con la composición «El terror de los mares índicos». Declara ser sus poetas dilectos Verlaine, Moreas y Baudelaire. Escribió versos en lengua francesa. Muchos premios en certámenes literarios.

A RIZAL

En el segundo aniversario de su fusilamiento

¡Héroe inmortal, coloso legendario,
emerge del abismo del osario
en que duermes el sueño de la gloria!
Ven. Nuestro amor, que tu recuerdo inflama,
de la sombrosa eternidad te llama
para ceñir de flores tu memoria.

Esta es la fecha, el día funerario
en el cual el tirano sanguinario
te hizo sufrir el último tormento,
cual, si al romper el ánfora de tierra,
la esencia que en el ánfora se encierra
no hubiera, acaso, de impregnar el viento.
¡Cuánto te debe el pueblo! En tu calvario
eras ayer el astro solitario
que alumbraba los campos de batalla,
la dulce aparición, rizo del cielo,
que infundía a los mártires consuelo,
valor al héroe y miedo a la canalla.

¿Quién no sintió huidas sus congojas
repasando tu libro[3] en cuyas hojas
la popular execración estalla?
Hermanando la mofa y el lamento,
vibra, encarnado en su robusto acento,
el silbo agudo de candente tralla.

Quizás en tu ostracismo voluntario
juzgabas que era un sueño temerario
manumitir nuestra oprimida raza;

---
3   José Rizal, *Noli me tangere*.

mírala hoy: es virgen arrogante
que, con la augusta libertad, tu amante,
en un amplexo fraternal se enlaza.

Caíste como fruta ya amarilla,
pero cayó contigo la semilla.
Ya es una planta vigorosa; el germen
ha medrado en el surco de la senda,
y libres ya de la mortal contienda
bajo su sombra tus hermanos duermen.

¡Duerme en paz en las sombras de la nada,
redentor de una patria esclavizada!
¡No llores, de la tumba en el misterio,
del español el triunfo momentáneo,
que si una bala destrozó tu cráneo,
también tu idea destrozó un imperio!

¡Gloria a Rizal! Su nombre sacrosanto,
que con incendios de Thabor llamea,
en la mente del sabio es luz de idea,
vida en el mármol y en el arpa canto.

El enjugó de nuestra patria el llanto;
su verbo fue la vengadora tea
que encendió, en el fragor de la pelea,
los laureles de Otumba y de Lepanto.

Reverénciale, ¡oh pueblo redimido!
Llanto del corazón vierte afligido
por el amargo fin del gran patriota.
Y hoy que en los aires la tormenta zumba,
¡no salga ni un quejido de su tumba
al verte, oh pueblo, nuevamente ilota!

30 diciembre 1898.

A EMILIO JACINTO[4]

Patriota: en los tiempos de ingratos estudios y audaces
locuras, y dulces visiones de rostros fugaces
con rezos y risas en labios de ingenuo carmín,
hermético fuiste al amor y su gaya conquista.
Lo raro anidaba en tu airosa melena de artista,
y raras orquídeas poblaban tu austero jardín...

En odio implacable a todo lo inicuo y nefario,
tu mente inflamaba una arenga del nuevo Brumario
o un trozo del «Noli»; adorabas a Ibarra[5] y Danton
y amabas lo antiguo. La edad patriarcal y de oro
del pristino régulo, tuvo en tu verbo sonoro
la clara justeza de amada y distante visión.

Espíritu prócer, sensible al poético encanto
—que a veces es ritmo y a veces es flor— de tu canto
aun queda el recuerdo sonoro en el aire natal;
aun vibra y contagia el patriótico ardor de tus versos,
y muestra tu limpia versión el claror de los tersos
diamantes que enjoyan el «Último adiós» de Rizal.

No fue tu exclusiva misión la del canto apolíneo.
La arcana virtud, que preside el rodar curvilíneo
de pueblos y razas que integran la adámica grey,
tu acción en el ciclo inicial prefijó en el espacio:
Rizal puso el germen; su músculo Andrés Bonifacio;[6]
tú, el brazo y la idea juntaste en armónica ley.

---

4   Aparece registrado como poeta en el lugar correspondiente de este Florilegio.
5   Personaje central de *Noli me tangere*, donde el autor de la novela tal vez quiso personificarse.
6   Revolucionario filipino, caudillo de las partidas que dieron (Agos ••illisible•• Balintauac) el grito de rebelión.

Así como el gris tenebroso de edades provectas
doraron las máximas puras de las Analectas,
y en ellas el Hacia, rompiendo el sopor secular,
la voz escuchó del que luego escribiera a Corinto,
tu noble evangelio de honor y de patria, ¡oh Jacinto!,
nimbando a tu raza, engrandece la historia insular.

Rumor subterráneo, en mitad de la idílica fiesta,
sintió la colonia, y un viento de airada protesta
pasó por las frentes su fuego de cálido tul.
Plasmaste el anhelo en que espíritus libres se adunan,
y entonces, al rojo fulgor del audaz «Katipunan»,
puñales febriles lanzaron su reto al azul...

La ubérrima tierra tornóse después en un lago
de sangre firmada en el Pacto,[7] y el bolo hizo estrago,
fulgiendo en el puño broncíneo de añoso rencor.
La suerte fue adversa a tu ardor eficaz de guerrero;
no obstante, a tu genio encubría el vulgar prisionero,
y hubiste merced del hidalgo oficial cazador.

Después que la amada bandera se irguió hacia los astros,
en montes y valles, floridos, de históricos rastros,
tu dúplice gloria fue esquiva al favor popular.
Buscó tu nostalgia el retiro ancestral, y en belleza
rendiste, por fin, a la Parca tu insigne cabeza,
de cara a tu cielo, debajo de airoso palmar.

«La muerte es descanso.» Cerebro en que tuvo su hornaza,

---

[7] Alusión al de amistad concertado entre Miguel López de Legaspi, primer Adelantado de las islas Filipinas por España, y el régulo Lacandola. Por imitación de éste le firmaron ambos personajes, mojado el cálamo en sangre para el caso extraída de sus venas. Tal suceso histórico sugirió al gran pintor tagalo Juan Luna y Novicio un hermoso lienzo que, al cesar la soberanía de España en el Archipiélago (agosto, 1898), decoraba un salón del Palacio municipal de Manila.

la idea que urdió la epopeya inmortal de la raza,
descansa. La Patria vigila tu sueño de paz.
La patria, orgullosa, entre epónimos héroes te nombra.
Moriste dichoso, sin ver que sobre el pecho la sombra
del ala extendida y las garras del buitre voraz.

La suerte está echada. Borraste el padrón infamante,
y en su híspida senda tu pueblo camina adelante.
Tal vez llegue al fin, o tal vez lo sepulte el alud.
Ya el árbol, nutrido con sangre y acerbos dolores,
sonríe en sus frutos y espera en sus vírgenes flores.
No es una razón el negarlo; tampoco es virtud.

1912

SOBRE EL PLINTO

    A. Mabini
    «Justum et tenacem propositi virum.»
    Horacio

Ante el eterno símbolo granítico,
consagración de tus civiles palmas,
cumbre mental, sublime paralítico,
te aclaman hoy nueve millones de almas.

El tiempo, que devora despiadado
nobles recuerdos dignos de la historia,
sobre el rojo horizonte del pasado
conserva y magnifica tu memoria.

Hoy, como ayer, la multitud te aclama,
te elogia el sabio, te celebra el sistro;
y es actual, por imperio de tu fama,
tu investidura de primer ministro.

Murió el Estado efímero que urdiste,
sin otro alguno, ni anterior, ni análogo;
mas tu gobierno espiritual, subsiste,
está en vigor tu original Decálogo.

Cuantos admiran tu genial vestigio
grabado en el solar de tu linaje,
vinculan a tu límpido prestigio
la sanción de un perpetuo caudillaje.

Madura en hechos la rebelde idea,
mútilo el cetro de la noble España,
la reconquista levantó su tea
para alumbrar tu constructiva hazaña.

La patria de las ansias juveniles[8]
estaba allí, de sus destinos dueña,
alzada sobre un bosque de fusiles
bajo el amparo de una libre enseña.

La que soñaste, acaso, en un monólogo
bajo un frandaje de rotundas «mangas»,[9]
labrando arquitecturas de ideólogo
en la quietud de tu natal Batangas.

Patria inmortal de la actuación primera,
que en sangre mártir empapó tu suelo,
y en los pliegues cuajó de una bandera
la afirmación de su vital anhelo.

Patria naciente, tras labor titánica
como aquellas de Bismarck y de Mazzini,
faltaba un hombre que la hiciese orgánica,
¡y ese hombre fuiste, colosal Mabini!

Ignota corre el agua subterránea
hasta que, gracias al humano ingenio,
bajo el subsuelo surge subitánea:
así, glorioso, apareció tu genio.

Y fue cuando otra vez tembló la tierra
al paso audaz del triunfador Emilio,[10]
cuando la mano que rigió la guerra
se levantó al poder desde tu exilio.

---

8 Apolinario Mabini, paralítico de cuerpo pero luminoso cerebro de estadista, redactó las leyes sobre que se asentó la efímera república filipina y fue elegido presidente del primer gobierno revolucionario de Malolos, enero, 1899.
9 Fruto del árbol terebintaceo nombrado «mango».
10 Aguinaldo, caudillo de la revolución, luego generalísimo y presidente de la república.

Todo el nuevo fervor del patriotismo
que exaltaba un espíritu halagüeño,
la intuición, la acuidad, el dinamismo
mental pusiste en tu grandioso empeño.

Y tu obra demostró que, si fecundo
fue tu pueblo en heroísmos de batalla,
también podía presentar al mundo
un estadista de tu enorme talla.

La flor ilustre que cuidó tu mano
tronchóla el soplo de enemigo cierzo;

mas la medida del valor humano
no el éxito la da, sino el esfuerzo.

No queda del ayer para el fenicio
mas que la huella del sangriento agravio,
y para el pueblo el noble sacrificio
y tus laureles de patriota y sabio.

Será execrado el triunfo de la fuerza
en nuestra actualidad de cautiverio,
mientras la ley de la justicia ejerza
en la conciencia universal su imperio.

Mas no murió la causa independiente.
Faltóla el brazo, pero tiene asilo
en las almas, y flota en el presente
como la cesta bíblica del Nilo.

No es fácil, no, que el ideal sucumba
bajo la acción del tiempo o la violencia,

pues, como el trigo de la egipcia tumba,
en sí contiene secular potencia.

Y ha de surgir en el futuro ignoto,
llevado a plenitud por el destino,
como la flor del legendario loco,
como el cofre del padre Florentino;

porque supo de triunfos y derrotas,
porque tuvo su cruz y su calvario;
la sangre le ofrecieron los patriotas
y tú el cerebro, ¡oh gran Apolinario!

Era de hierro y de cristal tu mente;
grandes ideas modeló su fragua;
tuvo el vuelo del águila potente
y la profunda claridad del agua.

La vida concentró sus energías
en tu cerebro luminoso y triste.
Ninguna falta de los pies tenías
para los altos vuelos que emprendiste.

Fuiste toda una mente geométrica,
fórmula abstracta, puro pensamiento,
que nos hablaba en nuestra noche tétrica
con una voz de sibilino acento.

A la tienda llegó del adversario,
razonador, sin altivez ni reto.
Si no cambió su juicio refractario,
mucho fue que ganara su respeto.

Buscó el retiro de rural sosiego

y prosiguió su ruta sin desmayo.
Para trazar su rúbrica de fuego,
tras densa nube se recoge el rayo.

Sobre el rojo fulgor del exterminio,
sobre el mortal estruendo de las balas,
en el azur, su natural dominio,
serenamente desplegó las alas.

Allí alumbró la senda tenebrosa
en su función de numen y atalaya;
allí engendró la concepción grandiosa
de una fecunda comunión malaya.

Tu inteligencia en su carnal encierro,
era un poder supremo y absorbente.
¿Qué fue tu misma voluntad de hierro
sino una fuerza que forjó tu mente?

Y este fue el timbre, el sello más glorioso
que señaló tu espléndida carrera;
rimaste el pensamiento vigoroso
con la indomable voluntad austera.

Aquí estás ya en lo eterno de la piedra,
genio vindicador de nuestra raza.
A tu columna, con amor de hiedra,
nuestra ferviente admiración se abraza.

Gentes futuras cantarán tu nombre,
y al contemplar tu busto en el espacio
dirán: —«Fue un alto pensador, un hombre
justo y tenaz como el varón de Horacio».

Patria, que ves, gozosa, en tu sorpresa,
los saltos de gigante de tu raza,
y vives entre un iris de promesa
y un nubarrón lejano de amenaza;

patria fecunda en héroes y licurgos,
nadie habrá que tus méritos no estime;
pues siendo madre de Rizal y Burgos,
pariste un paralítico sublime.

Mabini fue un excelso paradigma.
En sus virtudes tu virtud renueva.
Así saldrás, gallarda y sin estigma,
de los rojos crisoles de la prueba.

Y aunque contemples en casual desfile
el torpe halago y la esperanza trunca,
sabrás sentir, cuando tu fe vacile,
toda la fuerza del vocablo «nunca».

Pero, si indigna de tus dioses lares
perpetuamente has de vivir cautiva,
fuera mejor que tus contiguos mares
en un sepulcro te sepulten viva.

Marzo, 1915
(Al inaugurarse en Batangas el monumento
a Apolinario Mabini

A ESPAÑA IMPERIALISTA

Con ocasión del viaje a Filipinas de Salvador Rueda

Y mientras en Europa tiene un festín la «Intrusa»
y los vetustos pueblos son como inmensas piras,
España, fabricante de las más fuertes liras,
desde el castillo en donde la hostilidad rehusa,
amante nos recuerda enviándonos su musa.

Gracias, oh madre antigua, por el presente regio
que a la abundancia sumas de tus pasados dones.
¿Qué más que la embajada de tu poeta egregio,
qué más que su exquisito y vasto florilegio
para sellar afectos y sugerir uniones?

España: está en el mundo tu alta misión fijada;
en sueños de conquista tu acción total se inspira,
tu historia está en América, en Flandes y en Granada.
Ayer fundaste reinos por medio de la espada.
Hoy vuelves a ganarlos por medio de la lira.

En la extensión del tiempo aquel sueño aquilino
que presidió las huestes del Quinto de los Carlos,
en forma renovada, prosigue su camino.
Si a pueblos de tu raza no intentas sojuzgarlos,
sus rumbos enderezas hacia un común destino.

Yo admiro el alto vuelo de tu ideal conquista
que, alzándose del lodo de la mortal miseria,
abarca el mundo hispano con ojo imperialista,
y aspira, por la magia del sabio y del artista,
a establecer las bases de una mayor Iberia.

España: nos desune del piélago la anchura;

también la propia sangre de ti nos diferencia.
Mas tuyo es nuestro idioma, es tuya la cultura
que a remontar nos lleva tu nacional altura;
que nutre el santo anhelo de nuestra independencia.

Y si, por rasgos étnicos, en gran desemejanza
de tu linaje insigne nuestra nación está,
sabemos que, al principio, para pactar su alianza,
juntaron y bebieron, a la nativa usanza,
sus sangres en un vaso Legazpi y el Rajah.

Madre de veinte pueblos que hablan tu hermoso idioma
yo te saludo en este tu embajador poeta
y ansío que tu sueño, análogo al de Roma,
lo vivifique un mundo que te ama y te respeta
eterno sea el triunfo de tu vital axioma.

Vivir es renovarse. De tu pasada gloria
el canto repetido tu acción jamás empaña.
España ya estás libre; no hay moros en tu entraña.
Renueva el viejo grito que truena por tu historia
y di al patrón heroico: ¡Santiago, y abre España!

Abre España a las nuevas corrientes de la vida,
abre España al abrazo de sus hijos dispersos
y surja del Pirene, como hostia bendecida,
el Sol de un culto unánime, en el que adore unida
la progenie del inca de los cultos diversos.

Bendito será el día en que a la vida brote
del suelo de Pelayo un nuevo y fuerte imperio
que pase de Galicia, que pase del islote
de Gibraltar, el día en que medio hemisferio
raye con larga sombra la lanza de Quijote.

Septiembre, 1915

PAISAJE FILIPINO

El Sol en su ebriedad suprema el suelo muerde.
Porque todo en la hora canicular concuerde,
Ni un hálito de brisa cruza la extensa y verde
Paz del campo, ni un ave en el azul se pierde.

Un mango aislado eleva su centenaria fronda
Junto a un «punsó»[11] enano de giba aguda y monda,
Que las hormigas alzan para que en él se esconda
El «nunu»[12] vigilante que por las mieses ronda.

Lejos corre, seguida del crío, una potranca;
Un carabao lustroso en un charco se estanca;
En su lomo una garza hace una nota blanca.

Un río desenrosca las eses de su tripa,
Y asoman, allá en donde su curva se disipa,
Las manchas trapeciales de unos techos de nipa.

---

11 «(Punsó)» Montículo de tierra elevado para su albergue por la hormiga nombrada «anay».
12 Fauno, silvano.

LINEAS ACTUALES
        En la natividad de Rizal

        Fue en una hora de graves indicios,
        cuando por sobre la calma ilusoria,
        tú, que ensayabas tus vuelos novicios,
        patria, escuchaste mi voz monitoria.

        Dieron los hechos razón a mi aviso
        diste en la clave del pérfido enigma,
        cándido el pueblo que fue manumiso
        en la quimera que dora su estigma.

        Sobrevivimos con harto desdoro
        a los horrores del fiero desastre;
        sobrevivimos y un áureo decoro
        cubre un harapo de vida en arrastre.

        ¡Oh, cuántas veces, en noches sin astros,
        como al imperio de un alto dictamen,
        héroe, tu sombra define sus rastros
        fija en un gesto solemne de examen!

        Y yo te veo, temblando ante el mágico
        gesto que imprime en el aire su marca,
        (tal vio la sombra paterna aquel trágico
        príncipe triste que hubo en Dinamarca).

        No de vindicta de infamias inultas
        tu Epifanía camino me traza;
        yo te adivino las ansias ocultas:
        quieres la suerte saber de tu raza.

        ¡Cómo decirte que un huésped ingrato,

hábil en agios y en constituciones,
rota la suya, mediante un contrato,
es nuestro dueño por veinte millones![13]

¡Cómo decirte que un mal metabólico
identifica a la antigua colonia,
que, bajo el peso de hierro simbólico,
nuestro terruño nos es Babilonia!

¡Cómo decirte que yerras ilusas
las esperanzas bajo un cielo oscuro,
que el Ideal, con ambiguas excusas,
tiénenlo a fianza de ignoto futuro!

Una tutela que no demandamos
pone a las ansias el freno del hecho.
Y tras dos guerras por no tener amos,
¡somos mendigos del propio derecho!

Hay libertades civiles, hay templos
en que se plasman futuras matrices
de ideas sanas, hay nobles ejemplos,
¡hay el empeño de hacernos felices!

Tiene un programa de sano humanismo
el nuevo César plutócrata y rubio,
y hasta en el culto a tu excelso heroísmo
se nos asocia en un sabio connubio.

Bellas promesas que un rato recrean
luego se fugan con gestos ausentes,
y en combativas arenas chispean
cruentos reproches, cual gladios fulgentes.

---

13 Alfilerazo a los Estados Unidos.

Propios y ajenos pecados disculpo;
—con la codicia, del brazo, va el hambre—
cierto es, en tanto, que hemópico pulpo
viene extendiendo su odiosa raigambre.

Haz que formemos, Señor y Maestro,
contra ambiciones un sólido muro,
por la memoria inmortal del ancestro,
por el destino del nieto futuro.

Frente a la audacia del imperialismo,
que en triunfo ostenta el orgullo del yelmo,
danos tu lumbre, tu bravo heroísmo,
y une las almas en fuerte cogüelmo.

Y proclamemos, de cara al Destino
y ante cañones de gruesos calibres,
que existe un nuevo derecho divino:
el de los pueblos a ser todos libres.

Y antes que el tiempo nuestra espalda encorve,
pueda la patria de tu amor, Rizal,
bajo el glorioso luminar del orbe,
levantar su bandera nacional.

1920

Juan Atayde
Manileño. Residió largas temporadas en la metrópoli, forzado algunas veces por su profesión militar. Murió, siendo comandante, en 1896. Cultivó el apólogo. Dirigió en Manila un diario.

UN AÑO MENOS

Ve el hombre pasar el año
con mirada indiferente,
cual ve el árbol la corriente
que le riega con su baño.

Justo el desprecio es quizá;
que el agua que va pasando
a la tierra socavando,
al árbol arrastrará.

Tampoco el hombre «no» advierte
del tiempo la brusca huida,
¡que al par que le da la vida,
le va arrastrando a la muerte!

Dalmacio H. Balagtás
Contemporáneo. Natural de la Pampanga.

LÁGRIMAS

Lentamente se mustian mis pobres ilusiones
Tristemente se mueren mis ensueños en flor...
Y en todas mis endechas y en todas mis canciones
Solo hay cantos de pena y quejas de dolor.

Ignoro este misterio tan triste de mi vida
Que a veces con mis lloros, yo quisiera morir...
Ignoro si hay otra alma sensible y dolorida
Que en esta vida quiera mis penas compartir.

Ni los labios henchidos de mimos y embelesos
Que mitigan las penas con caricias y besos
Han podido de mi alma suavizar el dolor.

¡Misterio de mi vida! ¡Oh mi queja infinita!
¡Solo a ti te comprende, mi fiel madre bendita,
Que con su santo beso, regenera mi amor!...

DULCEMENTE

Hay como besos locos de bocas olorosas,
hay brisas perfumadas de lejanos abriles,
hay aromas quiméricos de mileguas y rosas,
al oscular la aurora los dormidos pensiles.

Hermosa está Natura. Albarizos encajes
pueblan el azul cielo. En amorosas citas
las aves mañaneras juegan en los ramajes
y se inebrian de esencias de suaves sampaguitas.

Besos de Sol se posan en las cabezas mustias,
y ante las plantas de una Virgen de las Angustias,
musitando plegarias de matinal candor,

como una blanca sombra, está Mimí de hinojos
desgreñada la trenza, soñolientos los ojos,
—princesa fugitiva de un país del amor.

HOMENAJE
  A Salvador Rueda

  Embajador poeta que vienes a esta tierra
  donde flameó un día la enseña roja y gualda,
  toma las galas todas que mi solaz encierra
  y danos de tus rimas la perennal guirnalda.

  De tus gloriosos versos la prodigiosa alquimia
  afianzará los vínculos de nuestra antigua alianza,
  que no en balde parlamos la hispana lengua eximia
  y bruñó el Sol nativo del «Quijote» la lanza.

  No morirá en mi tierra la lengua de Castilla,
  la cultura española no encontrará su ocaso,
  las leyes del Rey Sabio tendrán vida inmortal;

  porque en la historia un nombre eternamente brilla,
  al lado de Cervantes, Molina y Garcilaso,
  el nombre de aquel vate, héroe y mártir: Rizal.

  Octubre, 1915

Jesús Balmori
Manileño. Comenzó a metrificar para el público a los quince años, y a los diecisiete publicó su volumen *Rimas malayas* (Manila, 1904).
Sus primeros modelos fueron Bécquer, Espronceda y otros bardos hispanos. Idolatró, luego, en Rubén. También cree en Villaespesa, Rostand y D'Annunzio. Es padre de dos novelas y dos zarzuelas. Laureáronle en copia de certámenes poéticos.

¡GLORIA!

(Letra de un himno escolar a Rizal, premiado, noviembre, 1908), en concurso promovido por *El Renacimiento*, diario nacionalista de Manila.

Del suelo de la patria que vuestra, sangre encierra
hoy brota un himno santo en vuestro augusto honor.
¡Gloria al que abrió los surcos para labrar su tierra!
¡Gloria al que abrió las almas para enseñar su amor!

No se extinguió en los aires vuestra palabra amada;
no faltan labios jóvenes que besen vuestra cruz;
y la legión de apóstoles por vos fructificada
no olvida al que en la noche cayó pidiendo luz.

Luz para las conciencias, para las almas todas;
luz para el ara triste del olvidado altar;
que aquella vuestra lámpara que se apagó en las bodas
iluminó, estallando, el alma popular.

Brotan frutos del suelo que el germen vuestro encierra;
las almas aprendieron a amar en vuestro honor...
¡Gloria al que abrió los surcos para labrar su tierra!
¡Gloria al que abrió las almas para enseñar su amor!

LA VENGANZA DE LAS FLORES
Cuento

I

Señor: Pues ésta era una gentil chiquilla
hija de un primitivo y autóctono rajá,
más bella que la estrella que sobre el viento brilla,
más dulce que este cuento que a ti brindado va.

¡Si hubieras visto qué ojos! ¡Lo mismo que dos frutas
de un «lomboy»[14] que tuviera las ramas perfumadas!
¡Y qué labios de rosa! ¡Y qué gloriosas rutas
y líneas las del cuerpo de carnes encantadas!

Y se llamaba Flora, como la primavera,
y su voz como el canto de los pájaros era,
y sus cabellos negros y largos, y su frente...

Su frente era como un jazmín harto de aurora,
con mucho de románticos amores soñadora
y mucho de los rayos de Luna. Dulcemente.

II

Señor: Pues esta niña estaba abandonada
por el rajá, ocupado en combates sin fin,
y como ya muriera su madre, infortunada,
ahora buscaba amor y aroma en el jardín.

Pero las flores, muchísimo menos amorosas
que esas santas llamadas las madres de los hombres,
de la gentil chiquilla y su beldad celosas
acordaron matarla, señor, aunque te asombres.

Que a veces la flor mata, como matan las leyes,
así sean las víctimas diosas o hijas de reyes,

---
14 Fruto negro, brillante, del árbol así nombrado.

así el verdugo luego grite arrepentimiento.

Y el acuerdo de todas las flores vengativas,
desde las sampaguitas hasta las siemprevivas,
quedó temblando a modo de una hoz sobre el viento.

III Y aquí viene lo triste, señor, de todo esto;
porque una tarde Flora cortó y cortó más flores,
y luego de apiñarlas en su tagalo cesto,
se fue a su lecho para contarlas sus amores.

Y se quedó dormida con ellas, y con ellas,
que se reían bajo la luz de las estrellas—
lámparas de oro puestas en el celaje cónico—

Flora, a la luz del alba amaneció abrasada,
completa y dulcemente, de muerte perfumada.
¡Las flores la mataron con su ácido carbónico!

1910

EL VOLCÁN DE TAAL
Hacia lo paradójico

Y Dios cogió una vara de estrellas encendidas
para prenderle fuego al cráter del volcán.

Temblaron las entrañas del monstruo, sacudidas.
La noche se tiñó del Sol de sus heridas.
Y al despertar del sueño de siglos el titán,
buscó a las dulces vírgenes al pie de su albo lecho,
buscó a las flores hechas de todos sus vapores
para clavar —¡qué loco!— sus garras en el pecho
de vírgenes y flores.

Cayeron. Y por ellas
lloró el coloso luego sus lágrimas de estrellas.

Y es que algo en el zarpazo del débil a los fuertes
pudiera aventurarnos a inmensos silogismos.
Si fueran esas cumbres eternamente inertes
las águilas no harían su nido en los abismos
¡Oh ejemplo de las lavas!
¡Oh, tú, que matas vírgenes y rosas con tus babas
llorando aquella risa con que rodó Satán!
Sigue rompiendo almas, sigue rompiendo prados.

Dios cogerá una vara de lirios perfumados
para apagar el fuego del cráter del volcán.

1910

EN EL CIRCO

Alma bohemia que jamás se abate,
gemela de Talión y Prometeo,
antes que suene el grito de combate
por la arena del circo me paseo.

No temas tú, oh Amor, porque me veas
despreciando mi vida ante el Coloso;
una gota de sangre en las ideas
¡es Jesús en el Gólgota glorioso!

¡Y yo no temo al César! Por mis venas
corre sangre de mártires malayos...
¿Quién dijo que con balas o cadenas
puede atajarse el vuelo de los rayos?

Se ha de inclinar su testa coronada
bajo el verbo de gloria que pregono,
¡que es más grande mi pluma que su espada!
¡y hay más fuerza en mi pecho que en su trono!

Pero no has de temblar, ¡oh dulce amada,
luz de mis ojos, paraíso mío!
Cuando tú veas fulgurar mi espada
en el solemne y loco desafío.

Que así cubra mi frente la victoria
como sobre la arena me desangre,
¡Si triunfo, para ti toda mi gloria!
¡Si caigo, para ti toda mi sangre!

BIENAVENTURANZA

Yo he abierto mi puerta al mendigo
y le he dado el dinero que tengo.
El pobre es mi padre y mi amigo,
y es pobre el hogar de que vengo.

He dado mi plata, a los ruegos
del viejo que llama a mi puerta
y clava sus ojos, ya ciegos,
en mi alma al amor siempre abierta.

Yo he dado mi plata ¡qué importa!
No lloren por mí los abuelos.
La vida es muy triste y muy corta,
y hay algo que premian los cielos.

Y no ha de faltarme a la mesa
el triste mendrugo que he dado;
que un ángel de Dios siempre besa
la mesa del que es desgraciado.

Bendiga mi frente la muerta;
la madre que lloro y bendigo.
Por ella yo he abierto mi puerta,
y he dado mi plata al mendigo.

A NUESTRO SEÑOR DON QUIJOTE DE LA MANCHA

Premiada en concurso organizado por la «Casa de España», de Manila, 1920

Señor de los poetas, de los desventurados
de todos los de ensueño de libertad turbados,
de los que han hambre y sed de justicia en la tierra!
Señor de los esclavos, señor de las zagalas,
en cuya frente baten las águilas sus alas,
y en cuyo pecho España su corazón encierra!

En la vida que es triste, que es llena de amargura,
y que solo el amor salpica de ventura,
como a ingrata doncella amante dadivoso,
¿Qué corazón que suena, que espíritu que adora,
no convierte en princesa la humilde labradora
y no cree que Aldonza es la flor del Toboso?

Aún seguimos soñando castillos las posadas,
ejércitos de príncipes altivos las mesnadas,
jardines encantados los páramos sin dueño,
y en todos los instantes y en todos los caminos,
todos vamos cayendo por luchar con molinos,
y a todos nos destrozan las aspas del ensueño!

¿Qué sería del mundo sin el halo divino
que nos cubre lo mismo que el yelmo de Mambrino?
¿Qué sería la vida sin la dulce poesía
que ciega nuestros ojos con sus flotantes tules,
para llenar el alma de límites azules,
y partir con un Sancho el pan de cada día?

¡Oh, señor, ve que es cosa de gran desesperanza
salir por esos campos empuñando la lanza,

a desfacer entuertos en sin igual empresa!
¡Luchar con la quimera hasta rendir los brazos,
y azotarse las carnes hasta hacerlas pedazos,
por romper el encanto que aduerme a una princesa!

Pero todos lo hacemos. Todos siguen de trote
no hay un hijo de España que no sea Quijote,
y aunque vaya soñando, haga el bien por doquiera.
Destrozado y herido le hallarán en la vida,
pero no habrá una herida más ideal que su herida,
ni habrá estrella más alta que su noble quimera.

Nada importa el que clama que su esfuerzo es locura,
que es inútil su arrojo, que es fatal su aventura
¡don Quijote discute todo eso con su lanza!
Y, en tanto ya ensartando malandrines follones,
cargado de esperanzas, de ensueños, de visiones,
por los campos del mundo avanza, avanza, avanza...

A su paso se llenan de flores los caminos,
se abren todas las ventas, se callan los molinos,
y aunque por todo oro lleve su sola historia,
ante su porte triste soberbio, vagabundo,
el Sol se para en lo alto de la frente del mundo,
y como una campana de luz repica a gloria.

TRÍPTICO REAL
      Premiada en el mismo certamen que la anterior

I   ALFONSO XIII
Cuando cada monarca de la tierra
sobre un cráter de horror su espada afila,
y muere en flor la pompa de la tierra
bajo los potros del moderno Atila;

Cuando Europa, violada y destruida,
en ese loco batallar sin nombre,
siente que escapa su divina vida
en el agonizar de cada hombre;

Solo tú, paladín excelso y franco,
caballero ideal de punta en blanco,
guardas tu espada de encendida lumbre.

Y abres en cruz tus brazos soberanos,
para llamar a todos tus hermanos,
como un Dios en lo alto de una cumbre.

II   VICTORIA DE BATTEMBERG
Mujer de fresa y nieve y terciopelo,
suave como los besos de las brisas,
en cuyos ojos el azul del cielo
es una flor de luz rota en sonrisas;

Hada dormida en pálido y sonoro
ensueño ideal de amores y sigilos,
cuyos cabellos de fragante oro
perfumaron a un rey entre sus hilos;

Reina gentil de aroma y maravillas

a quien un pueblo puesto de rodillas
como a custodia de su fe venera.

No de Isabel la sangre esplendorosa
va en tus venas. ¡Pero eres una rosa
que lleva España abierta en su bandera!

III BANDERA ESPAÑOLA
No hubo rincón en el mundo en que no ondearas,
izada por la gloria de una hazaña;
no hubo ciudad ni yermo en que no hablaras,
con tu oro y con tu púrpura, de España.

Y siempre en lo alto del ideal que enfloras,
y del amor divino que sustentas,
te besaron sonriendo las auroras,
y te escupieron su ira las tormentas.

Pero aún flameas bajo el Sol intacta,
y la gloria que aun contigo pacta
alza hacia ti su corazón desnudo.

Te reserva más cumbres y más cielo;
cumbres de amor y honor para tu vuelo;
cielos de egregia luz para tu escudo!

CANTO A ESPAÑA

El alma del poeta filipino
se detiene en la aurora del camino
y llama con sus alas a tu puerta.
¡Es la hora en que el amor abre sus galas
si has oído los golpes de mis alas,
señora de mis cánticos, despierta!

Crisol de veinte estados castellanos,
reina que sostuviste con tus manos
de dos Mundos la esfera estremecida,
y rasgaste en pedazos tu bandera
porque la enseña de esos pueblos fuera
jirón de tu alma, soplo de tu vida!

¡Vieja y noble leona castellana!
Tuya será la norma del mañana,
como es hoy, por la gloria de tus hechos.
¡Te lo rugen unidos los cachorros
que se amamantaron con los chorros
de las divinas fuentes de tus pechos!

Te lo dice esta fiesta de la Raza,
rosal de luz que en rosas se te enlaza;
y de onda a onda, en rebrincar mirífico
te lo clama vibrando en áureo cántico,
Cristóforo Colombo en el Atlántico,
y Hernán de Magalhaes en el Pacífico.

Tú eres la amada que jamás se olvida,
la labradora, de ilusión vestida,
que hace de eriales, cármenes fecundos,
y si ante el Cid, Castilla no se ensancha,

en cambio don Quijote de la Mancha
tiene por lanza el cetro de los mundos.

¿Qué te importa que en tierras del Oriente
coronaran de abrojos la tu frente?
¿Qué, el que las Américas en coro
se desprendieran todas de tus brazos?
«¡Un anillo de oro hecho pedazos,
ya no es anillo, pero siempre es oro!»

Y nos queda el amor. ¡Lo que no muere!
Lo que es igual cuando nos besa o hiere!
¡Rosa inmortal rodeada de espinas!
El santo amor que te empujó quimérica
a vender tu corona por América,
y a abrirte el corazón por Filipinas.

Alza la frente que abatió la pena;
sacude el huracán de tu melena;
llene el viento el clangor de tus rugidos...
Despierta, hermosa leona castellana,
que tus huestes tocando están a diana,
con los aceros hacia a ti rendidos.

Restallan bajo el Sol tus estandartes,
dice España el amor por todas partes,
las almas beben cuanto tú interpretas,
y por cumbres, collados y senderos,
se une al himno triunfal de los guerreros,
la divina canción de los poetas.

Por igual en las pampas argentinas
que en nuestras sementeras filipinas,
la espiga de oro que en el Sol se baña

y la flor que perfuma estremecida,
flor que es el alma, espiga que es la vida,
son vida y alma tuyas, madre España...

¡Madre, sí, más que reina, más que dueña,
madre de Guatemoc cuando te sueña,
y de Kalipulako si te hiere!
¡Madre que todo lo ama y lo perdona!
¿Qué labio ruin tu gloria no pregona?
¿Qué pecho es el traidor que no te quiere?

¡Oh, España! ¡Porque en tu alma nos enlazas,
que te troven su amor todas las razas!
¡Y pues sus grandes gestas altaneras
creó el mundo al calor de tus leones,
que te echen flores todas las naciones,
y que te besen todas las banderas!

El eco de tu mágico renombre
que de hemisferio en hemisferio vuela,
es el atril divino de tu Historia...
¡Llenas están las tierras de tu nombre!
¡Llenos están los mares de tu estela!
¡Llenos están los cielos de tu gloria!

Octubre, 1921

Florencio G. Barbaza
Contemporáneo. De familia lauta, nació en Manila el 30 de septiembre de 1892. Cursó estudios en el Instituto de los Jesuitas y Universidad dominicana de Santo Tomás. Aquí, algunos de Medicina. Colabora en Prensa de Manila e Ilo-Ilo, habiendo dirigido en la capital de las Bisayas el *Nuevo Heraldo*. Sus poetas favoritos son Villaespesa, Carrere, Marquina, Juan Ramón Jiménez, los hermanos Machado y Nervo. Pero, sobre todos, Rubén Darío. Ha usado el seudónimo «Floriam».

ELOGIO A TUS OJOS

He mirado tus ojos serenos,
me be bañado en su luz tardecina,
y he sentido vibrar alma adentro
una voz misteriosa escondida...
Fiel remedo de acordes lejanos,
con arrullo de besos y brisas,
con susurro de mansas corrientes,
con acento de notas distintas,
con la amarga profunda tristeza
que evoca doliente la cítara lírica.

He mirado tus ojos serenos,
me he bañado en su luz tardecina,
y he logrado saber tus angustias,
y he logrado leer tus desdichas.
Hay un dardo mortal en tu pecho
y en tu frente una sombra querida,
una tenue tristeza en tu rostro
y en tu boca una vaga sonrisa...
algo raro que es todo un misterio,
que nadie lo acierta y no lo adivina.
No te importe la cruel carcajada
de esa gran muchedumbre que grita.
Ven a mi, pobre enferma del alma,
y en mis hombros amantes reclina.
Yo te doy el calor de mis brazos,
yo te entrego gustoso mi vida,
yo te ofrendo la miel de mis trovas,
yo seré tu cantor, alma mía...
quien arrulle con versos tus sueños
tus sueños marchitos, mimosa chiquilla.

1920

FANTASÍA CREPUSCULAR

En las postreras horas del crepúsculo,
cuando respira todo paz y calma,
y la tristeza reina en el ambiente
oloroso a sampagas...;
ese momento hermoso
del Sol que se desmaya,
ocultando sus últimos fulgores
en las cumbres lejanas,
para dar paso a la plateada Luna
que en luces se desata;
cuando para el acento
de las corrientes mansas,
y de las ramas dormidas
descansan sosegadas
las «mayas»[15] que anhelantes solo sueñan
en la pronta alborada
para lanzar de nuevo por los aires
la voz de su garganta;
cuando parece que la gente toda
el calor del hogar busca en sus casas,
gusta en estas horas de quietud solemne
mi fantasía alada
de remontarse hasta el azul del cielo
a regiones soñadas
donde no existen viles opresores,
ni pasiones funestas y malvadas.

Semejante ilusión mi mente crea
cuando en la imperial calma
de la tarde que muere lentamente,
cual la luz de una llama,

---

15 Pájaro diminuto, de dulce pío, abundante en los bosques del país.

yo dejo en libertad mi pensamiento
que forja una añoranza;
sueño estar a tu lado, y es mi anhelo
y son mi dicha y mi alegría tantas
que con amor te llamo como un loco
buscando a la mujer que yo soñara
en un rato de ciego desvarío,
que con fervor pensaba,
recordando en el brillo de tus ojos
cual fulgor de alborada...

Mas, ¡nada!, esta ilusión, fugaz, ligera,
solo es vana esperanza
que aumenta mi dolor y mi agonía
que me roba la calma,
y arranca de mis ojos melancólicos,
sinceras, fugitivas, muchas lágrimas.

Abril, 1919

CATILINARIA

Bien, aquí estoy, de cara al Universo,

altivo el gesto y el mirar sereno;
lanzando al viento mi sonoro verso,
de grato incienso y de perfumes pleno.

Desde mi alto sitial, indiferente,
contemplo al pueblo que ante mi se inclina;
la pobre humanidad triste y doliente
que por la senda del ideal camina.

Me encuentro solo, sin ningún recelo
a los Zoilos pedantes y ruines.
Yo tengo por bandera el ancho cielo,
vibra mi voz en todos los confines.

Me inspiran compasión esos traidores
que vallas van poniendo en mi camino,
mi numen de centellas y fulgores
les señala a cada uno su destino.

No me asusta el ladrido de los canes
que celosos envidian de mi suerte;
yo, como Cristo, repartiendo panes
protejo al débil cuanto insulto al fuerte.

Soy el bardo rebelde que en sí encierra
un corazón ingente y bondadoso;
y mi verbo es de admonición y guerra
que aplasta al necio vil, ruin y coloso.

No me espanta la voz del sordo trueno.

yo no conozco el miedo ni el fracaso,
mi alma es un Sol de resplandores lleno...
sobre la ignata muchedumbre paso.

¡Oh, musa, ven a mí! Dame tu aliento,
que quiero hablar retando al orbe entero,
y aunque el dolor me abrume el sentimiento
no he de soltar mi cítara de acero.

Me gusta combatir. Amo la lucha.
Me siento fuerte ante el cruel tirano,
y al torpe que mi voz no atento escucha,
castigo impío con nervuda mano.

¿Qué me importa lidiar? —Si tras la lidia
me aguarda entre sus brazos la victoria.
¿Qué me importa que otros con perfidia
quieran manchar mi nombre envuelto en gloria?

Detesto el odio, la traición y engaño
y a aquellos quienes me odian los perdono;
podrán viles hacerme todo daño,
mas no me harán temblar en mi alto trono.

Por encima del odio y de la inquina,
todos pregonan mi carácter noble.
yo proclamo mi sangre filipina,
y tengo la altivez del viejo roble.

He heredado mi roja rebeldía
de un valiente sultán invicto moro.
es mi sola heredad, y a fe mía,
yo la guardo como único tesoro...

1920

TRISTEZAS

Alma presa de dolencia,
nunca encontrarás clemencia
si no te acudes a mí:
Yo tu tristeza sentí,
alma presa de dolencia.

Rosa de melancolía,
toda pasión y dulzura,
¿Quien te dará su alegría?
Yo por tu bien te daría,
todo mi amor y ternura,
rosa de melancolía.

Todo es mentira en el mundo.
El desengaño encontraste,
tú que mi afán despertaste,
con tu desprecio profundo.
¡Todo en la vida es contraste,
todo es mentira en el mundo!

Olvidemos lo pasado,
ven de mis ansias en pos...
Ya que el amor ha tronchado
la existencia de los dos,
olvidemos lo pasado.

Lejos de todo, olvidados,
entre mil plantas y flores
construyamos nuestro hogar;
y por siempre enamorados,
cantemos nuestros amores,
ciegos a cualquier pesar,

lejos de todo, olvidados...

José María Barroso-Arrieta
Manileño aunque de abolengo español. Abogado por la Universidad de Manila. En esta ciudad, muy joven, comenzó a actuar de periodista en *El Comercio* y otros diarios españoles. Alrededor del cambio de dominación vino a España, fijando su residencia en Barcelona, donde ejerce con lucimiento su carrera hace más de veinte años.

CONSUMMATUM EST...!

¡Qué dulcemente en el eterno sueño
que en flor segó una vida sin agravios...!
La pálida escarlata de tus labios
que el rocío del alma humedecía,
los santos clavos del sagrado Leño
tenuemente teñía.

Contemplando tu faz agonizante,
contemplando impotente que arrastraba
mis venturas la Muerte en su fiereza,
«¡En tus manos, Señor,
encomiendo mi espíritu...!», clamaba
trémula de estupor
mi voz desesperante.

Dulcísima rendiste la cabeza
consumando espantoso sacrificio;
a la gloria ascendiste con presteza
para empuñar de la virtud la palma,
dejándome en el alma
mortal tortura, aterrador suplicio...

Tus despojos después enriquecieron
próvidas flores que en cercano día
en ánforas tus manos dispusieron,
las mismas que en tus últimos delirios
impetrabas la amable compañía.

Y verbenas y anémonas y lirios,
llenos de excelsitud y de poesía,
rociados con mi llanto
fueron contigo, ¡Emula!, al Camposanto...

ESPIRITUALIDAD

Me prestas la sonrisa encantadora
que el pecho desgarrado necesita
para aplacar los ayes que vomita
del terrible dolor que le devora.

¡De nuestro amor el ansia arrobadora
que fluya eternamente Dios permita,
feliz en tu alma en la Mansión bendita,
triste en mí en esta Tierra engañadora!

Por eso le suplico reverente
que no falte jamás luz en la mente
para que en ti se fije el pensamiento;

en el habla, calor para ensalzarte;
y fuego abrasador, encendimiento
vivo en el corazón, para adorarte.

EL EUCALIPTO DEL PANTEÓN

¡Mirtácea esplendorosa...!
¡Quién pudiera en tu médula inyectar
la esencia misteriosa
del alma tormentosa
que no ha podido el llanto debelar!

Tu extrema arboladura
gallarda y rígida se yergue al pie
de sacra sepultura
que guarda la armadura
de la verdad de mi amorosa fe.

Tu fronda balancea
temerosa, y las hojas ven lucir
cuando el día febea,
la líquida presea
que ha de absorber la tierra al efundir.

El pétalo minúsculo
ufana ostenta tu plateada flor,
y al brote de su súrculo
más vivo en el crepúsculo
en declinando el Sol dominador.

Exhala tenue esencia,
que es plegaria que envuelve, al descender
hasta la Omnipotencia,
lamento y asistencia,
primera lágrima, efusión postrer.

¡Eucalipto arrogante
que erguido impávido junto al panteón

despliegas fascinante
tu fronda murmurante
y embalsama tu nívea floración;

cipo fúnebre; estela
que Natura levanta a la virtud;
superno centinela
que siempre, siempre vela
de mi amada la frígida quietud;

mirtácea esplendorosa...!
¡Quién pudiera en tus fibras inyectar
la esencia misteriosa
del alma congojosa
que no ha podido el llanto debelar!

Vicente Bautista
Comtemporáneo. Frisaba con los diecisiete años cuando publicó en Manila (1911) su colección de poesías Luzónicas. Es natural de la Pampanga.

MAYO

Ha llegado a mi casa sobre el ala de un rayo
y ha llenado de rosas mi pobre habitación,
y yo le he preguntado quién era, y era mayo,
mayo con su perfume de flor y corazón.

Abriéronse mis brazos a su áurea caravana
y se llenó mi mesa de vaga devoción;
fue un desfile de rosas y aves por mi ventana,
abierta a la olorosa y dulce procesión.

Y al fin, emocionado, hablé: —Mayo, ¿qué quieres?
(El me miraba como miran esas mujeres
que están enamoradas o enfermas de soñar.)

Mayo ¿qué quieres? —dije de nuevo. Y él entonces,
sonó todas sus risas, sus besos y sus bronces,
para rugirme como pudiera un tigre: —¡Amar...!

REQUIESCAT...

Que descansen en paz los que cayeron
porque el volcán les hizo lo que fueron:
barro, barro no más,
¡Que descansen en paz!

Un requiescat a todos los temblores,
y a todos los dolores,
de los niños, ancianos y mujeres,
que mató ese maldito, ese loco criminal
que en el mapa se llama el volcán de Taal.

Dios puso el fuego en los volcanes como galas,
para que su humo trémulo, a modo de un favor,
le incensase;
como puso dos alas en el ave y cien alas
en la flor
para que le perfumase.

Y de esto que proclamo
¡oh, pueblo! no te asombres;
conos de cumbres, horror de los infiernos,
los volcanes, los reyes, los gobiernos,
son para la vida universal que yo amo
y no para matar razas y hombres.

Para el desastre hay que oponer el alma;
a la indigencia abrir nuestro tesoro,
y ahora que alumbra, en calma,
el Sol, los restos de aquel toro de oro
que adoraba el taaleño como Israel el becerro
en los vastos desiertos, lloremos por los muertos,
por el hombre, el águila y el perro.

También lloró el volcán. Y fue su llanto
de lágrimas de oro, de besos de quebranto,
y de terror,
después que vio a sus vírgenes completamente yertas,
después que vio a sus islas completamente muertas,
Y sobre todo, muerto para él, todo el amor.

Mirad. No tiene fuego;
su cumbre está violada, su entraña carcomida,
perdió el Coloso vida,
de tanta vida en flor, como extirpara luego,
y loco de vergüenza y de arrepentimiento,
va hundiéndose, va hundiéndose,
la mismo que un perfume deshecho por el viento;
reuniéndose;
plegándose como una multitud plegárase en un templo,
o como van los pájaros enfermos a su nido,
para gemir: —¡Oh, Césares, miraos en mi ejemplo!
para gritar: —¡Oh fuertes, yo muero arrepentido...!

Manuel Bernabé
Nació en Parañaque (hoy provincia de Rizal), el 17 de febrero de 1890. Estudió en el Ateneo municipal de los Jesuitas y luego en la Universidad de Santo Tomás. A los nueve años hacía versos castellanos. A los catorce los componía en latín. Ha obtenido premios en certámenes. Sin desdeñar lo moderno, venera a los clásicos españoles. Es maravilloso declamador. Ahora actúa como redactor muy distinguido de *La Vanguardia* y profesor de la Universidad de Filipinas.

LO IMPOSIBLE
        En un álbum

        En la flor de tus labios adivino
algo ideal que tu hermosura viste,
mientras, soñando en ellos, bebo el vino
de un ensueño de gloria que no existe.

Lo imposible es un ala que nos roza
creando en el dolor fuertes enojos.
¡Ay! No poder volver hasta mi choza,
llevando la presea de tus ojos!

Le diría a mi madre: —¡Madre mía,
pon tu albo traje, alégrate sin tasa;
ya tenemos los dos, de noche y día,
un milagro de Dios en nuestra casa!

SOLDADO-POETA

Dios ha puesto en el arco de tus cejas
la excelsitud de un arco-iris santo,
igual que pongo un borbotón de canto
en una lira de cadencias viejas.

En el hondo negror de tus guedejas
la Noche oscura distendió su manto,
esa deidad que sorprendió mi llanto
más de una vez en tus doradas rejas.

Ven, y no tardes más. Dios ha querido
que fueras la paloma que convida
a las ternezas místicas del nido,

y yo, un fuerte soldado apolonida,
que, recogiendo mi pendón caído,
con la espada y laúd, te dé la vida.

Julio, 1919

¡CANTA, POETA!
        A Salvador Rueda, durante su estancia en Manila.
        Fragmento

        Embajador de madre Hispania: alzo la copa
        a lo alto del Ensueño por la salud de Europa,
        la Europa uncida al yugo del hado militar
        bautizada con sangre por aire, tierra y mar,
        la Europa que ha rencores de hermanos entre hermanos
        pero jamás de bardos indios y castellanos,
        porque es la onda que corre por la arteria del verso
        piélago de armonías que baña el Universo.

        La España de hoy es sorda a irrumpir de metralla
        ahíta de laureles en cesáreas batallas,
        no quiere ya ser cuna del Cid y de Pelayo,
        de la Armada Invencible, los Tercios, Dos de mayo,
        la que hizo de los pueblos haz de suelo español
        en que no se ponía la hipérbola del Sol;
        ramo de oliva porta en sus divinas manos,
        que no quieren teñirse en sangre de cristianos,
        consiguiendo el arrullo de la fabla rimada
        lo que soñara en vano tiranizar la espada.

        Tú, que al partir de Cuba, inclinada la frente,
        cogiste tierra, «para besarla eternamente»,
        lee en el libro abierto de mi Naturaleza,
        donde es panal la vida y otro Dios la belleza,
        donde, como en un pórtico de bienaventuranza,
        encontrarás a cada aurora una esperanza,
        y en la mujer, la flor, el nido y los alcores,
        oirás la sinfonía de todos los amores;
        el cielo, siempre azul, sin mácula ni daño,
        que da eternal cobijo al propio y al extraño;

los árboles ciclópeos que alzan la copa al cielo
y hunden, por defenderse, la raigambre en el suelo,
de corteza tan amplia, que unida la cintura
de tres gigantes de descomunal figura;
el Apo y el Maquiling, el Taal y el Mayón[16]
de fraguas encendidas como un gran corazón,
incensario de fuego hiriente en el altar
de la patria, como un eterno luminar,
como idea que salta del crisol de tu mente,
como el anhelo indígena de ser independiente...

Y así, mientras la Europa riñe feroz contienda,
y España es madre que no olvida a su hija ausente,
también como guerrero de acero no humillado
que alegra la vejez mirando en el pasado...

Ese es el pueblo tuyo, que canta diplomacias
del rey Alfonso XIII, flor de las democracias;
que con la unción del reino te entregó el estandarte
tutelar y simbólico de la Paz y del Arte,
para que tu voz fuera en mi indiano solar
el reparto y renuevo de un amor secular,
(el árbol que la entraña de nuestro bosque cría
en cada retoñar acrece su ufanía);
para que tu voz fuera el aviso y proclama
de que el idioma hispano no muere, pues se le ama,
y España es madre que no olvida a su hija ausente
a quien dio sangre e idioma en un rincón de Oriente;
y de que es ley que el vínculo espiritual subsista
por cima del destino, del tiempo y la conquista.

Heraldo de grandezas de la matrona ibérica,
que pulsaste la cítara en la española América,

---

16 Volcanes filipinos.

y envuelto entre los pliegues de su argentino manto
volcaste toda el ánfora de tu lirismo santo,
la flor que aroma, clave que trina, el río en calma,
como en el laberinto de sus dudas el alma,
te brindará su encanto la paz de los cañales,
desatará tu rima bajo espesos mangales,
te pondrás en el cuello un collar de sampagas,
la flor amada de las vírgenes dalagas...
Verás, al fin, un breve Edén en el planeta
que no pudo jamás soñar ningún poeta.
Canta, poeta, canta. Pienso y no es desvarío,
que ha de inmortalizar tu canto al pueblo mío.

Septiembre, 1915

BLASÓN

Al ver los oros tenues de tu encaje,
tu lino de eucarística blancura,
quiero curar mi hidalga desventura
encarcelado en la prisión de un traje.

Tal que mis potros es mi amor salvaje;
pero, en mi sed de clásica aventura,
yo deshojo una flor a la hermosura
y la rindo perpetuo vasallaje.

Ya se que afirmas que no sabes cómo
el ciego impulso de mis potros domo;
pero perdona si a mi vez te arguyo.

Que este mi amor es impetuosa fiera
que solo una mujer domar pudiera
con un mirar celeste como el tuyo.

MI ADIÓS A ILOILO

Antes de abandonarte, ciudad maravillosa,
que ungiste de alegrías mi peregrinación,
quiero dejar prendida en tu escudo una rosa,
que yo he santificado ante el altar de Otón.

La nave lleva al bardo. Pero en la silenciosa
lágrima que yo vierto, queda mi corazón;
y el noble ilongo amigo, como la ilonga hermosa,
vivirán por los siglos dentro de mi canción.

Más alto que el «kanuyos» cerniéndose en los montes
mi alma tenderá el vuelo a extraños horizontes,
cantando de los pueblos el himno redentor;

Pero, así bramen vientos y se refosquen cielos,
hacia estas islas sacras retornará sus vuelos,
¡como el ave que vuelve a su nidal de amor!

Abril, 1920

CASTIDAD

Mujer, ¿te acuerdas? Con la sien caída,
en tu palor marmóreo de azucena,
tú desleías, como un alma buena,
todo el rosal de una ilusión perdida.

Aquella tarde fue. No sé si herida
en la raíz de tu virtud serena,
mi audacia fácil añadió otra pena
al calvario de penas de tu vida.

Llorabas y reías. De tu boca,
rojo nidal de sierpes del deseo,
fluían en suspiros mil encantos...

—¡Qué loco eres! —dijiste. Y yo, ¡qué loca!—
Pero en medio de tanto devaneo,
—¿lo recuerdas aún? —fuimos dos santos.

Julio, 1920

ESPAÑA EN FILIPINAS

I   La dulce Hija, postrándose de hinojos,
dice a la Madre, a tiempo que sus ojos
leve cendal de lágrimas empaña:—
Dios ha dispuesto el término del plazo
y ya es la hora de romper el lazo
que nos unió tres siglos, ¡Madre España!

II   ¡Madre, sí, madre! Sobre mi haz tendido
va fermentando el anhelar dormido
y, el germen abonado se agiganta,
la gratitud es flor del alma mía,
y no muere la clásica hidalguía
donde se irgue tu cruz, tres reces santa.

III   Puede venir el águila altanera
y hundir el corvo pico en la bandera
de gualda y oro, que nos da alegría;
podrán poner a mi garganta un nudo,
que cuando ¡el labio se retuerza mudo,
irá a gritar el alma: ¡Madre mía!

IV   ¡Dichoso instante aquel que vio a las olas
dialogar con las naves españolas,
llevando a Limasawa a Magallanes!
De entonces a hoy, portentos mil se han visto,
y es que el poder de España arraiga en Cristo,
manso y sin hiel, multiplicando panes.

V   Soberbio es tu ideal, como tu gloria,
largos siglos ataste a la victoria
al carro de tu funesta monarquía.
¿Cómo no amar tu gesta no igualada,

si en las fronteras que humilló tu espada,
el gran disco del Sol no se ponía?

VI Mas, ¿no es la espada omnipotente solo
la que al brillar del uno al otro polo,
obró cien maravillas en el llano;
es la esencia vital de las Españas,
que al invadir palacios y cabañas,
prestó eficacia al ideal cristiano.

VII Quién empuñó con varonil denuedo,
en los tiempos de Lope y de Quevedo,
«el cetro de oro y el blasón divino»;
quién sembró de fe en la individual conciencia
decoro en la mujer, que es otra herencia,
luz en las mentes y oro en el camino.

VIII La que duerme arrullada por el cántico
de las ingentes olas del Atlántico;
la que empujó a Colón hasta la entraña
del mundo nuevo, que copió su hechura;
la que llevó a las pueblos fe y cultura
y auras de libertad... Esa es España.

IX España, la invencible soñadora,
que monta rocinantes a deshora,
los toros lidia, viste la mantilla,
ama la jota y al «danzón» se entrega,
mas cuyo acero no es una hoz que siega,
sino arado que pone la semilla;

X La patria de la vid y la verbena,
que fía a la guitarra su honda pena,
dominadora de la Argel moruna,

| | la que las tierras incas civiliza,
hidalgo pueblo, de otros cien nodriza,
única madre que meció mi cuna.

XI   Los claustros de tus Cuevas y tus Prados
noche y día miráronse atestados
de hijos nativos del saber amantes:
hiciste héroes y armaste caballeros,
y aún late en el cantar de mis troveros
la dulcísima lengua de Cervantes.

XII   ¡Oh rica fabla espiritual! Simula
cordaje de una cítara que ondula,
—es blanda arcilla y música ese idioma—,
claro choque de perlas y corales,
remedo de los coros celestiales
que de Dios mismo su raigambre toma.

XIII   Si lloro, se unifica con mi llanto,
impregna hasta el «Kundiman»[17] cuando canto,
y es en la liza imprecación y alerta.
Podrán hurtarme mis veneros de oro,
pero al perder tan singular tesoro,
es que habré sido traicionado y muerta.

XIV   Rizal, Mabini, del Rosario y Luna,
hijos míos y tuyos son. Cada una
lleva en la frente un evangelio escrito.
Si yo les di mi maternal entraña,
no empresa mía fue, sino de España,
fundir el alma en su troquel bendito.

XV   La Cruz de Arrechedera y Urdaneta

---

17 Canto popular filipino.

está en mis cielos, tabla es que sujeta,
cuando zozobra, al bien; porque a despecho
de las más encontradas ambiciones,
tu religión, tu fe, tus tradiciones,
han abrigo recóndito en mi pecho.

XVI
En el curso del tiempo, desenvuelto,
tú, España, volverás —¿Qué amor no ha vuelto?—
Presa en la red del propio bien perdido:

serás un ave, enferma de añoranza,
que va a volar cuando la noche avanza,
en dirección al solitario nido...

XVII
Si están ahítos de llorar tus ojos,
y en otros días te causara enojos,
la era de paz y de perdón se inicie.
¡Oh, qué mejor que tras la despedida,
seamos como el agua, en dos partida,
que se torna a juntar en la planicie!

XVIII
...Mientras la vista atónita vislumbra
la luz de redención en la penumbra,
e hijos del alma apréstanse a las lides;
¡ve, Madre! Y digan valles y colinas:
¡Gloria a la Madre España en Filipinas!...
¡Loor eterno a ti! Tú, no me olvides.

Fernando Canon
Veterano poeta cuyo plectro ha golpeado la lira bajo las dos soberanías. Nació en Biñán (Laguna), en 1860, Fue condiscípulo y «alter ego» de Rizal en el Ateneo municipal, y juntos se graduaron de bachiller en 1877. Hacía versos a los catorce años. Cursó la carrera de ingeniero industrial, y para perfeccionar sus estudios viajó por Europa. Años residió en Barcelona. Son sus pasiones, además de la matemática, el ajedrez y la música. Fue general de ingenieros con el ejército revolucionario. Sus poetas dilectos son Campoamor y Villaespesa. Mora en Manila actualmente, siendo profesor de guitarra del Conservatorio.

FLOR IDEAL

      El rocío de nubes blanquecinas
      eterniza la «flor de las colinas»,
      esa flor que en su cáliz peregrino
      encierra el ósculo del amor divino,
      llevado allí por las sublimes notas
      del eterno cantar de los patriotas.
      Blanca flor de montañas
      que en el azul empíreo se mece,
      cuando surgen patrióticas hazañas
      se multiplica y por doquier florece;
      pero diz que se oculta y desparece,
      o se demuda roja,
      cuando patria postrada se sonroja,
      y vagan por las nubes sus raíces
      lloradas por las musas infelices.
      En tanto llega el día
      en que, unido el valor a la hidalguía,
      surge en la excelsa cumbre
      la cálida ambrosía
      que, a la ignición de misteriosa lumbre,
      la planta vitaliza
      y el amor de las musas fecundiza.

      Sus hojas transparentes,
      que guarnecen flexibles enramadas,
      irradian luces mil, resplandecientes
      en medio de penumbras, azuladas,
      y esparcen, difundidos en su brillo,
      los campestres olores del tomillo
      refrescados por níveas sampaguitas,
      burlonas de las cuitas.

Del filipino céfiro amoroso,
que atrae cadencioso
mil íntimas fruiciones infinitas...
Vértigo voluptuoso
de sonrisas, caricias y murmullo
que vibran de una flor en el capullo.

El tronco de esa planta legendaria
viste el tul que en la selva solitaria
la quietud simboliza
y el frío del olvido cristaliza.
Mas, en lo alto, los vientos con sus marchas
pasan para engarzar vivas escarchas
en derredor del cristalino encaje
que en excelso ropaje
el tronco viste... ¡signo de grandezas!
Bajo una blanca trama de finezas.
Misterioso tamiz de las virtudes
que alcanzan a divinas altitudes,
y parece una espléndida bandera
que cubre un mástil de genial quimera.
Veste reticular a cuyas mallas
llega el eco triunfal de las batallas,
velo quizás de nupcias redentoras
que a la patria querida
viene anunciando bendecidas horas
de una raza indomable redimida.

Y ¡lo que más asombra!...
Sus raíces nunca, yacen en la sombra.
Se adaptan en graníticas fisuras,
desafiando el rigor de las alturas.
Forman telas de mimbre,
de finísima, urdimbre,

sobre cálido erial o entre los hielos...
Sólidas, al amparo de los cielos,
y a la vista del Sol y las estrellas,
bajo el fluido vital de las centellas.
Y, hasta en sus pequeñeces,
no puede la soberbia planta humana
hollar con altiveces
la raíz soberana,
que en la cúspide siempre se coloca
de acantilada roca,
por cortantes aristas defendida...
Y es necesario despreciar la vida
para llegar al pie de la meseta
donde marca la flor difícil meta...
Pináculo oriental de lo sublime
al que el astro solar su beso imprime.

Genio inmortal que velas noche y día
por la ventura de la patria mía:
¿Cuando hallarás la «flor de los colinas»
en las altas montañas filipinas?

RIZAL ARTISTA

En sus juegos de niño,
al descender ufano
del tronco envejecido de un manzano,
miraba con cariño
el fruto más hermoso,
que a mí me regalaba generoso,
y muy serio decía:

«Es pequeña, redonda,
y parece una cara de muñeca
sonrosada y moronda...
Y yo, en vez de comerla, le pondría
ojitos.» —Y, a pesar de alguna mueca,
convertía aquel fruto
en busto de cupido diminuto.

Lector; si crees invención galana
la escultura pueril de la manzana,
admite estos detalles,
y prueba por ti mismo,
(siempre que iguales elementos halles
para el escultural idealismo),
hacer de aquella fruta
una muñeca fresca y diminuta.

Manzana filipina,
sonrosada, aromosa, pequeñina,
y para dar una cabal idea,
de la infantil presea,
te diré los coloquios que en la infancia
sostuve con Rizal, en una estancia.

Parece que lo veo:
Con un carbón muy negro y puntiagudo
le puso cejas y ojos... lo que pudo.
—¿Sin narices? —le dije—, ¡oh que feo...!
—«Estate quieto, espera,
ya le pondremos la nariz de cera,
una nariz pequeña, filipina,
nariz de la modestia, simple y fina.»

—Pero dime, ¿y la boca?
—«Eso aquí, muy pequeña, se coloca
sobre este hueco, ¡hoyuelo de bellezas!
Expresión de inocentes gentilezas.
Con dos más, forman una maravilla
en cualquier sitio de infantil mejilla.»
—¿Queda sin cabellera?
—Sí. Solo una gorrita
con una blanca y grande «sampaguita».[18]
Un pámpano escotado por pechera,
y en el cuello... así... o cómo se quiera
por corbata «ilang-ilang» o «champacas»[19]
o las verdes hojuelas de albahacas;
por faldillas las rojas «gumamelas»[20]
y dos partidos mondos cacahuetes
por pies, con dos corolas por chinelas,
ocultas por ribetes
formados en minúsculos estambres,
y verdosos pistilos,
que ensartan dos alambres
o metálicos hilos,
a simular el oropel y encantos
que dan la majestad a regios mantos.

---
18 Aromosas flores del Archipiélago.
19 Flor roja, silvestre, parecida a nuestra amapola.
20 Hibiscos (Tagalo).

«¡Es niño filipino!» —me decía—
«Le visto con suprema gallardía.»

Pasaron sin quebrantos
esos días de juegos infantiles;
vinieron los Abriles,
con todos sus encantos
haciendo palpitar los corazones.
Y Rizal ya tallaba
machetes y cañones,
y siempre preparaba—
¡Manera singular de sus hazañas!—
Contra el cañón el triunfo de las cañas.
Y esto es verdad, mi buen lector mundano,
porque él, con catapultas de cañizo,
con frecuencia deshizo
el rico armón de mi cañón prusiano.
¡Del arte militar, el horizonte
que ve un Napoleón o un Jenofonte...!

Más tarde, siempre vencedor en tierra,
piensa en barcos de guerra filipinos...
Y ya cansado un día
de la dificultad que siempre encierra
el triunfo en mar bravía,
¡buscó en lo sobrehumano los destinos...!
Se puso con empeño
a esculpir en un leño
el frío simbolismo de algún santo...
Y el arte místico feliz nacía
con religioso encanto
al modelar su culta idolatría.

Ya es preciso cruzar los anchos mares.
Los genios tutelares
nos señalan el triunfo muy lejano.
Allende el Océano
veremos a Rizal en Barcelona
sobre una mesa del «Café Pelayo»
mirarnos de soslayo,
y con, medida artística segura
y sonrisa burlona,
en el mármol hermoso, muy pulido,
una caricatura
haciendo, pronto, igual y de corrido.
y allí nos señalaba,
con rayas y con puntos
cada uno y todos juntos,
y caracterizaba
nuestras tendencias siempre juveniles
en el loco correr de los Abriles.

Do quiera, hasta en los días de algaradas
era Rizal artista en las veladas.
Siempre sus poesías
eran una escultura,
o luciente pintura,
de sublimes, vibrantes melodías
que por los mares y hasta por los aires
transportaba, en patrióticos donaires,
su artístico altar de estro divino,
del suelo filipino
amor de sus amores,
búcaro inmenso de orientales flores.

Recuerdo que una tarde del otoño,
en la Villa del oso y del madroño,

en casa de Paterno,
de filipinas glorias
recolector eterno
y pensador de idílicas historias,
se hallaban literatos,
ministros, periodistas,
músicos y pintores,
y todos los artistas,
en raros pugilatos,
a conquistar aplausos o bellezas
exhibiendo primores
en cultas gentilezas...
Rizal, con tino singular y austero,
me señaló en un rico musiquero
la colección de músicas tagalas,
diciéndome sincero:
«Mi corazón palpita
cuando a la luz de filipinas galas
la música infinita
de un canto lastimero
despierta el alma mía
al "Kundiman" de suave melodía...»
Y me habló de la insólita guitarra
y me dijo galante:
«Yo siempre pintaría al estudiante
con libro, con laúd y cimitarra.»
Y mientras la alegría fermentaba
en aquellos espléndidos salones,
de los ricos plafones
donde el genio ideal seleccionaba
filipinas pinturas,
y salacots y bolos...
Mil bellas esculturas
y hasta los chirimbolos

de igorrotes y aetas
y mandobles y cotas
de ignorados atletas
en regiones remotas,
y juventud allí rivalizaba...
y entre música y flores se libaba,
en copa de abundancias,
amistad y elegancias.
Rizal siente volar en el ambiente
las cadencias aladas
que allí llegaban desde Extremo Oriente
por aires filipinos transportadas...
¡Melancólica música sonriente,
por el artístico ideal rimadas!

Y siguiendo el relato
de aquellas expansiones
que enaltecen patrióticas reuniones,
donde el ameno trato
de jóvenes diplómatas noveles
para la Patria conquistó laureles;
he de nombrar la femenil belleza,
ornada de modestas galanuras
de filipina alteza,
con sus alegres castas timideces,
conjunto de hermosuras
mezcladas con ingenuas altiveces.

Que preparó en su casa la velada,
do emulación despierta en dulce calma
a filipina juventud mimada
en amores artísticos del alma;
la admirable Consuelo Ortiga y Rey,
que amó en Madrid la filipina grey.

Allí Rizal «Me piden versos»[21] dijo
en su patriótico amor siempre prolijo...
Y aquella niña, sin igual hermosa,
divisó en lontananza alguna cosa
que faltaba en aquel rico concierto,
en donde gracias, músicas y flores
esparcían fulgores,
pues Rizal se sentía «en un desierto»
recordando a su Patria encadenada.
La huérfana gentil cerró sus ojos,
y hasta arrugó su frente iluminada
por mil destellos rojos,
al pensar en su madre idolatrada...
¡Así Rizal llenó de pensamientos
aquella hora de luz y arrobamientos!...

Es arte el de decir hondas tristezas,
revestidas de fuego y de bellezas.
de Luna e Hidalgo es el cantor sublime.
Del «Spoliarium» a mujer llorosa,
y de «Las Vírgenes» a voz que gime
en cristiana actitud de fe radiosa,
cuando pinta con vívida hermosura
la expresión de simbólica pintura
en un brindis genial «A los pintores»
que a la patria llenaron de esplendores.
Allí comienza el prólogo infinito
de su pasión creciente
y patriotismo ardiente,
en el *Noli me tangere* descrito,
con al arte de hacer a los patriotas
en las batallas de candentes notas.

---

21 Cópiase esta composición entre las del doctor Rizal.

Clarividente y singular atleta
ya era Rizal el escultor profeta.
en Leitmeritz he visto un esqueleto
que me llenó de asombro,
y cual un amuleto
me conmovió por su expresión macabra:
sobre cualquier escombro
puesta de pie, famélica osamenta
cubierta por sayal que apenas se abra.
En el cuello un rosario.
Y mujer macilenta,
forcejeando en ansias ya mortales,
contra el lúbrico abrazo del falsario
en sus horribles crápulas letales...
Con sus órbitas huecas
de carcomido sátiro en lujuria
que arranca, atroz, horripilantes muecas
en la tragedia de bestial injuria.

Así lanza Rizal su primer reto
al amor monacal en esqueleto...
Y ya a Dámaso Ponce le vengaba
y a su historia infeliz se anticipaba.
Borremos esa escena
do el arte lucha en la mortal gangrena.

Otra rica escultura,
en «La ciencia que triunfa en la muerte»
me enseñó Blumentritt con galanura,
por venturosa suerte
oí de aquellos labios
la incomparable explicación de sabios.
Un joven decidido y vigoroso
en lo alto, con indómita energía,

cual bandera que ondea
en terrible porfía,
ya blande victorioso
antorcha que flamea
para destruir el germen venenoso...

Bajo los pies, la calavera chata
en que ignorancia o muerte se retrata.

Esas dos creaciones
o esculturas que admiran las naciones,
a Blumentritt le fueron regaladas
por el mismo Rizal, cuando, talladas,
buscó el depositario
que comprenda y explique
al pueblo filipino
aquel plan legendario
que opondrá eterno dique
a la ruda invasión de un adversario
en el duro camino
para alcanzar la justa independencia...
¡Expresión soberana de arte y ciencia!

Blumentritt, en sus fúlgidos salones
de filipino ambiente,
do laten filipinos corazones,
sincero y elocuente
en aquel sitio mismo
¡qué parece el dosel del patriotismo!
Donde Rizal y él, solos conversaron...
Y de su patria con amor trataron
me dijo conmovido:
«Ah... esas dos hermosas obras de arte
a solas, serán parte

a preparar santuario indefinido
para un altar futuro
cuando el género humano,
en su criterio puro,
y amor cosmopolita
del mundo, soberano,
viva doquier con libertad bendita,
y transforme del todo el fanatismo
en virtud, ciencias, artes y civismo.»

Sí. De un templo en las gradas
fundó Rizal sus obras celebradas,
texto o arquitectura
de un amor infinito, legendario,
que revela en artística hermosura
su noble corazón humanitario.

Y, por Rizal os juro,
al entregar el último retazo
de este papel en que sus artes trazo,
que es preciso que «Euterpe» siempre viva
en el amor más puro
de aquella iniciativa.
Y «creciente» este círculo del arte,
con severa constancia
y oriental arrogancia,
levante inmaculado el estandarte
do brillarán los astros de la gloria
del libro artístico de nuestra historia.

Jesús Casuso Alcuaz

Hijo de Manuel Casuso. Nació en Manila en 1898. Murió en el Japón el 19 de julio de 1918. Escribió, cuando cursaba el bachillerato, las composiciones que se copian.

LAS CAÑAS

Cada caña es una flauta que solloza inconsolable
si Céfiro agita blando sus penachos de esmeralda,
y en el tedio de las siestas, si cruzamos los senderos,
nos convidan a la sombra de sus plañideras ramas.

Son sus voces cual las dulces de princesas medievales
en el fondo de castillos imponentes encerradas,
que inspiraron a los bardos melenudos de Provenza
los más dulces madrigales arrancadas de sus arpas.

En la calma apetecible de los pueblos escondidos,
como duendes protectores en las sendas se levantan,
declamando sus estrofas de lirismo incomprensible,
a la vez que por sus hojas ruedan tímidas las lágrimas.

Viajero, que con anhelos de poder llorar a solas
te encaminas de las selvas a las partes resguardadas,
llora, llora con el ritmo de las cañas majestuosas
bajo palios florecidos de vegetación malaya.

Cuántas veces he cruzado los caminos empolvados
con el Sol que descendió como un manto a mis espaldas,
y he buscado la frescura de sus ramas temblorosas,
cual oasis en desierto la sedienta caravana.

Y me han dicho sus tristezas, sus pesares, sus dolores;
me han abierto los arcanos musicales de sus almas;
me han narrado complacientes los sucesos culminantes
y apopeyas de los días venturosos de la patria.

—«¿Dónde están aquellos fuertes y valientes Solimanes
que cruzaron otros tiempos estas selvas solitarias

a la guerra? Todo duerme bajo el polvo de la muerte
y la voz del tiempo rudo va segando nuestra raza.»

—«En los pechos y en los brazos falta ya el viril denuedo
y en la frente el entusiasmo y en las bocas la palabra:
y la patria llora, llora, de sufrir el cautiverio,
y no hay hombres, no hay soldados,
       no hay valientes no hay espadas...»

—«Cuan mejores, ¡ay! los días en que férricos guerreros
nuestros troncos con el bolo para fin marcial cortaban.
fuimos lanzas, fuimos saetas, que llevábamos la muerte
a las filas del contrario, con apóstrofes de rabia.»

«Hoy dormidas, solo tienen nuestros troncos musicales
armonías, que el ambiente saturando van de gracia,
y amedrentan a los niños, a los tímidos y púberes,
que imagínanse que oyen los gemidos de las almas.»
....
Retiréme de la sombra de las cañas sollozantes
y me vine pensativo, ya muy tarde, hacia mi casa;
¡y en el bosque proseguía dolorida sus lamentos
una orquesta fabulosa de un millar de verdes flautas!

A ESPAÑA

Fragmento

Allá, detrás del mar, descansa España
con aire augusto de titán, rendida;
que al peso tanto de su mucha hazaña,
sobre sus lauros se cayó dormida...

Allá la patria de Guzmán el Bueno,
de un Cid que reta y en palestras mata;
y su tizona, remedando el trueno,
a los muslines en pavor desata...

Allá la noble España, madre nuestra,
aquí su noble hija del Oriente,
que a los extraños y a los propios muestra
que de ella supo levantar la frente...

Allá lo grande y lo sublime impera;
en Hispania halló el arte sus altares;
aquí esta Perla, que felice fuera
un pedazo de España en estos mares...

Mas hoy, cortados los benditos lazos,
tú estás muy lejos de nosotros, madre,
y aquí tendemos hacia ti los brazos
porque no hay suerte que sin ti nos cuadre...

Tú diste al mundo tus caducas leyes,
con cien coronas se ciñó tu frente;
hollaste cetros, destronaste reyes,
y ebria de gloria se durmió tu gente...

Si tanta gloria sin igual tuviste

y lauros cien tu señorial cabeza,
deja que diga que si al fin caíste,
fue tu caída tu mayor grandeza.

¿Mas, hemos de insultarte cuando vemos
plegar tus alas que taparon soles?
¡Oh, nunca, nunca, que mejor seremos
hermanos filipinos y españoles...!

ALMAS

Cuando inclinan las flores sus corolas
sobre los tallos,
meditan sus pesares
y vierten llanto.
A las flores he oído muchas veces
gimiendo por lo bajo...
¿Tal vez entre sus pétalos el alma
hay de un enamorado?
¿Tal vez las mismas flores aun lozanas
reciban desengaños,
y tengan de amarguras y dolores
repletos los nectáreos?
Yo no sé, yo no sé qué es lo que tienen,
pero ello es el caso
que cuando agita el aire sus corolas
suspiran por lo bajo...
¡Las flores son las almas de mujeres
que en la tierra su crimen no purgaron,
mujeres que murieron olvidadas
después que tanto amaron,
y ahora vagan sus almas
de unas flores a otras emigrando,
y en el crisol ardiente de sus penas
purifican las huellas del pasado...
¡No arranquemos jamás con mano brusca
una flor de su tallo:
las flores tienen alma; las he oído
gimiendo muchas veces por lo bajo...!
....
Salí al campo cantando una mañana,
y vi sobre su alfombra
una siembra de gotas cristalinas,

de polícromas gotas.
¿Quién había llorado aquella noche?
¿Fueron, quizá, las sombras?
¿Fueron, quizá, los astros?
¿Fuera, quizá, la Luna soñadora...?
¡No sé, no sé quién fuera,
pero lágrimas eran tales gotas;
lágrimas transparentes
y de luces radiantes como auroras...!
Dicen que tienen alma las estrellas;
mas, ¿por qué lloran?
Yo conozco esas lágrimas y juro
que son de penas hondas...
¡A veces, cuando el cielo está sereno
y la noche reposa,
levanto al firmamento la mirada
y pálidas las veo y ojerosas...!
¿Hay penas allá arriba?
Y si penas no hay, ¿por qué sollozan?
¡Las estrellas son almas
que vivieron errantes y azarosas,
informando unos cuerpos
de materia podrida y hedionda...!

Marzo, 1916

Rosario Dayot
Contemporánea. Alumna de tercer año en el Centro Escolar de señoritas («High School») de Manila.

A ESPAÑA

Ofrenda. Día español, 25 julio 1922

Con lealtad y gratitud sincera,
Unida a ti por irrompible lazo,
el alma filipina, en tu regazo,
Pone un beso de amor en tu bandera.

Perdónala si evoca plañidera
De tu recuerdo el indeleble trazo;
¡Oh! ¡cuán dulce calor el de tu abrazo
Para el que sufre en angustiosa espera!

Mas... escucha sus votos inmarchitos:
Ni del tiempo los cursos infinitos,
Ni el nuevo rumbo de tutela extraña.

Extinguirán en tierra filipina
La fe en tu amor, la fabla cervantina
Ni este grito supremo: ¡Viva España!

Enrique Fernández Lumba
Nació en Manila en abril de 1899. En San Juan de Letrán y en la Universidad de Santo Tomás, centros de enseñanza regidos por los frailes dominicos, se hizo bachiller y abogado. Fue redactor de *El Comercio*, diario manileño en español. Lo es ahora del diario católico *La Defensa*.

LA MUJER

Es del artista inspiración fecunda;
flor divina en el huerto de la vida;
del bardo en el laúd nota escogida
que de armonías la existencia inunda.

Ángel hermoso que a la tierra inmunda
cayó del cielo con el ala herida;
blanca luz de la gloria desprendida,
que del vivir la lobreguez profunda

disipa con la magia de su encanto.
Es talismán de poderoso hechizo
que al brío de su amor no hay quien resista,

ni pecho que no ablande con su llanto.
¡Es Eva que nos quita el paraíso,
y es María que el cielo nos conquista!

1919

MIENTRAS DICEN...

Madre España,
por tu gloria,
por el brillo de tu historia,
por tu hazaña de tres siglos en la tierra de mi amor,
por la sangre que vertiste en las Américas,
por tus luchas tan homéricas,
por la gloria de tu enseña bicolor,
hoy levanto
la ideal copa de mi canto,
mientras dicen mis hermanos, los poetas,
en estrofas peregrinas:
¡viva España en Filipinas!
¡viva España y su memoria...!
y proclaman las trompetas
de la gloria
tu mirífica victoria.

Yo quisiera que mi verso condensara
el sentir de veinte pueblos hermanados
por tu idioma de armonía tan preclara;
veinte pueblos troquelados
en el fuego de tu alma generosa;
veinte pueblos herederos de tu historia y tu nobleza.
Yo los miro en este día como pétalos de rosa
colocada en el altar de tu grandeza;
como cuerdas de una lira colosal
que, pulsada por el genio de la historia,
suena un cántico real
de sublimes resonancias,
que venciendo las distancias
publicando va tu gloria
por los lindes del planeta...

Madre España: por tu honor,
por tu idioma, por Legazpi y Urdaneta,
por la gloria de tu enseña bicolor,
por la cruz que nos legaste, yo levanto
la ideal copa de mi canto,
mientras cantan mis hermanos, los poetas,
en estrofas peregrinas:
¡viva España en Filipinas!
Y proclaman las trompetas
de la gloria
lo inmortal de tu victoria...

Julio, 1920

A PLARIDEL[22]

Luchaste allá en la vieja monarquía
con voluntad exenta de egoísmo,
sirviéndote de escudo el patriotismo
y nuestra santa libertad por guía.

Vertiste gota a gota tu energía
en la lucha mental del periodismo,
al pueblo predicando el heroísmo
y encendiéndole en sacra rebeldía.

Y es justo que hoy, en los nativos lares,
ensalce el vate en líricos cantares
tu nombre pregonado por doquiera;

y es justo que la patria agradecida,
por quien supisteis inmolar la vida,
¡guarde en su seno tu mansión postrera...!

Noviembre, 1920

---

22 Seudónimo que usó en el periódico *La Solidaridad*, por él fundado, el escritor filipino Marcelo H. Del Pilar. *La Solidaridad* se publicó en Barcelona.

A MAGALLANES

      En el cuarto centenario del descubrimiento de Filipinas

      En vano tu recuerdo y tu nombre esclarecidos
      indignas almas viles intentan olvidar;
      los signos de tu gloria quedaron esculpidos
      en páginas eternas del libro universal.

      Jamás el hombre aleve podrá borrar la estela
      que tus sencillas naves dejaron en el mar;
      el genio de la historia por tu recuerdo vela
      y tu glorioso nombre los siglos guardarán.

      La noche del olvido no puede con sus brumas
      de tu memoria egregia las luces apagar;
      constante el mar azota las peñas, y en espumas
      tan solo se convierte su furia pertinaz.

      No en vano con tus naves cargadas de nobleza,
      del todo lo sublime que Iberia pudo dar,
      venciste los embates del mar y su fiereza,
      trayendo con tu espada la cruz y la verdad.

      Tu gloria es como el astro que intenso resplandece;
      mirar tal vez no quieran su bello fulgurar,
      pero su clara lumbre ni muere ni decrece,
      y en los espacios célicos luciendo siempre está.

      Mi débil voz te anuncia que tu gloriosa hazaña
      trayendo a Filipinas —¡a mi adorado lar!—
      la lengua de Castilla, la fe de aquella España,
      los buenos filipinos jamás olvidarán.

      En vano la desidia pretenderá olvidarte,

que el eco de tu nombre resuena sin cesar;
se oye entre las ruinas que sirven de baluarte
a un ayer glorioso que nunca cederá;

lo lleva entre los labios el hijo de esta tierra:
nombrar a Filipinas tu nombre es pronunciar;
si el tiempo borra un día la losa que te encierra,
no temas, pues tu nombre jamás se perderá.

Después de cuatro siglos aun tu gloria existe
aun recuerda el pueblo tu hazaña singular,
que el tiempo ni los hombres la sangre que vertiste
borrar no pueden ellos del suelo de Mactán.
....
¡Oh, insigne Magallanes, bendita tu memoria!
¡Bendito aquel instante cuando cruzaste el mar,
trayendo a estas regiones un nombre y una historia,
y con la cruz de Cristo la luz de la verdad!

Noviembre, 1921

LAS TRES BANDERAS

I
Vedla, llena de gloria, ondear pacífica
sin los arrestos bélicos de ayer,
es la bandera bicolor, magnífica,
que arrastró un día el triunfo por doquier.

Es la de España, la nación prolífica
que a pueblos dio la libertad y el ser;
la gualda y roja, a cuya luz mirífica
pudo Iberia la gloria retener...

Yo te saludo con el alma extática,
que siempre fue por tu esplendor fanática
queriendo verte ondear en el confín.

Rotos los lazos de la unión política,
bendícete mi patria en la hora crítica
como al emblema de un amor sin fin...

II
Ved la otra que se ostenta dominante
llena de juventud y de vigor,
y porque es ella fuerte va delante
deslumbrando con su áurico fulgor.

Ayer en Francia se mostró gigante
guiada por el genio vencedor;
hoy por el mundo llévala triunfante
de la concordia el ángel mediador.

Es la enseña que anuncia libertades
prometiendo trocar en realidades
de los pueblos las ansias de vivir...

¡Oh bandera de América potente!
Mi pueblo te saluda reverente
como al signo de un bello porvenir...

III

Y allí la siempre amada y bendecida
que un tiempo se eclipsó de nuestros cielos;
la que entrevió Rizal en sus desvelos
y en el supremo instante de su vida.

La enseña que en Malolos vióse erguida
colmando de mi patria los anhelos;
la que a mi pueblo préstale consuelos
en tanto espera verla enaltecida...

¡Bendita seas, tricolor enseña!
Mirarte libre un día mi alma sueña,
derramando la luz de tus colores;

Y cuando llegue aquel dichoso instante.
Yo te diré con alma delirante
¡que tú eres el amor de mis amores!

Enero, 1922

¿QUÉ MÁS DECIR...?

A España

Por cantar tu excelsa gloria los poetas ya agotaron
los acentos de sus liras, los vocablos del lenguaje...
¿Qué poetas, inspirados por tu historia, no cantaron
la nobleza de tus hechos, la virtud de tu linaje?

¿Qué océanos los colores de tu enseña no copiaron?
¿Qué naciones no sintieron el vigor de tu coraje?
¿Qué países tus soldados con su sangre no sellaron
y qué historia habrá en el mundo que a tus fastos aventaje?

¿Qué cultura habrá más alta que la tuya tan cristiana?
¿Cuál más dulce que tu idioma, que parece una fontana
que hace siglos se desliza sobre un lecho de diamantes?

—Y en el alma filipina, ¿qué recuerdo habrá más dulce?
¿Qué potencia irresistible que al progreso nos impulse,
que la fe de Jesucristo, más la lengua de Cervantes...?

Julio, 1922

Fernando María Guerrero
Nació en el barrio playero manilense de la Ermita, año de 1873. Cursó la segunda enseñanza en el Ateneo municipal. Se hizo perito mecánico y abogado luego. Aunque siempre con aficiones literarias, no comenzó a lucir como poeta hasta el cese de la soberanía española. A partir de 1898, consagróse al periodismo. Dirigió *El Renacimiento*, diario filipino, nacionalista, escrito en castellano. Usó el seudónimo «Belisario Rosas». En 1907 fue elegido diputado. Últimamente era secretario del Senado. Es correspondiente de la Real Academia Española.

A FILIPINAS

Virgen de la Malasia, ramo de flores
que argentan con su espuma los roncos mares:
tuyos son mis suspiros y mis amores,
tuyo el ritmo tembloso de mis cantares.
Ya está tu sien radiante libre de abrojos;
ya, como ayer, no arrastras veste de ilota,
y ya el alba soñada brilla en tus ojos,
y tu clámide limpia de manchas flota.

Tú eres hoy la sirena del mar malayo,
el hada rozagante que endechas quiere
y vive de los astros al níveo rayo,
cantando su amor puro que nunca muere.
¡Escúchame! En las rimas del bardo errante
flamea el sacro fuego del Sol de Oriente;
deja que al son del arpa tu nombre cante,
porque beses siquiera su mustia frente.

Sobre un lecho, adormida, de piedras finas,
te arrullan de los bosques las auras suaves;
velan tus sueños de oro castas ondinas,
te murmuran mil trovas parleras aves.

Palpita en tus entrañas, arde en tu suelo
la áurea y candente lava de los volcanes;
sierpes de escamas ígneas hienden tu cielo
cuando ruedan crujiendo los huracanes.

Ondulando en el éter, sobre los campos,
despliega la neblina su blanco tul,
y la apolínea antorcha, con vivos lampos,
arrebola del cielo la veste azul.

En la cúspide esbelta de las montañas,
donde el águila altiva trenza su nido,
mecidas por la brisa sueñan las cañas
con la inflexión de un hondo flébil quejido.

A impulsos de la savia de su energía,
agitan las palmeras sus verdes plumas;
mientras allá, en la selva fresca y sombría,
van flotando calladas las densas brumas.

Como alígeras flores de oro y zafiro
llevadas por el hálito de auras sutiles,
los insectos se esparcen con manso giro
a libar la ambrosía de los pensiles.

Desde la agreste cumbre, suelta, hervorosa,
su penacho de linfas la catarata:
en él dibuja el iris su franja hermosa,
que el lago en sus cristales después retrata.

Por tu atmósfera virgen, urna de aromas,
donde sus róseos labios la aurora imprime,
vuelan y se acarician blancas palomas,
suspirando de amores himno sublime.

Y cuando por las tardes el Sol desmaya
sobre olas de esmeralda su frente roja,
niñas de tez morena van a la playa
a recoger las conchas que el mar arroja.

Son dulces y mimosas como las hadas,
rutilan en su rostro ojos traviesos,
y hay caricias eternas en sus miradas,

y hay un fuego divino que arde en sus besos.

Asidas de la mano, suelto el cabello,
cruzan nuestras praderas siempre inmarchitas,
ostentando en su grácil, flexible cuello,
perfumados collares de sampaguitas.

Y en la paz de los bosques, en donde vuela
el céfiro de mayo vertiendo olores,
con los ritmos dolientes de una vihuela
mezclan la voz sin mancha de sus amores.
....
¡Patria! ¡Patria bendita, ramo de flores,
que besan con sus ondas los roncos mares!
Ya que fuiste la cuna de mis amores,
¡Oh! sé también la tumba de mis pesares.

Noviembre, 1898

BAJO LAS CAÑAS

Solemne y honda la mudez del campo;
cálido el aire, el término azuloso...
Todo vibra de gloria bajo el lampo
de un Sol que es siempre, cual Apolo, hermoso.

En el bochorno de la tarde estiva,
sueña la flor y duerme hasta la idea.
Solo aparece como mancha viva,
allá en lo alto, la llama que caldea.

Silencio y paz... El único sonido
que el ambiente volcánico desgarra,
lo da, bajo el ramaje florecido,
con su música agreste, la cigarra.

El espacio es cristal; fulge y ondula
cual la cuerda de un arpa estremecida,
y mientras más el término se azula,
más bellos son los sueños de la vida.

¡Soñar! ¡Vivir...! Soñar bajo las cañas
y vivir a su sombra eternamente,
sin sentir esas penas tan extrañas
que ensombrecen el alma lentamente.

Soñar que el corazón es siempre joven
y que esa juventud es una gloria,
sin cuitas que en el vértigo nos roben
lo más caro escondido en la memoria.

Soñar así es soñar de color rosa;
vivir así es vivir en pleno idilio;

es tener en el alma, en vez de prosa,
una égloga admirable de Virgilio...

¡Oh, dulces soledades campesinas!
¡Oh, refugio de amor de los cañales...!
Tan solo allí las almas filipinas
consiguen olvidar todos sus males.

Allí se escucha la palabra santa,
la dulce voz de la querida tierra,
esa que llora, y regenera, y canta,
y en sí las notas de lo grande encierra.

Allí todas las almas se expansionan
y se abren al amor los corazones,
y hasta las frentes tristes se coronan
con flores, muy abiertas, de ilusiones.

Allí, por un milagro, se ensimisma
el alma de la patria con la nuestra,
y allí la vemos, bajo el propio prisma,
dentro del corazón como maestra...

¡Soñar! ¡Vivir! ¡Soñar allí a la sombra,
con la vista clavada en el celaje,
que cuanto se contempla y aun se nombra
es filipino todo en el paisaje...!

Eso es soñar triunfando de la pena
y mover con la fe hasta las montañas.
¡Oh, dejadme soñar en mi hada buena
a la sombra piadosa de las cañas...!

FANTASÍA CARNAVALESCA

Y cruzaban, y cruzaban sobre el lomo verdinegro
del antiguo Pásig,[23] todas
las espléndidas y gráciles, las espléndidas pagodas
como notas fugitivas y triunfantes de un alegro,
fusionando con las odas, con los ecos de las odas
que exhalaban de sus labios,
parecidos a sublimes instrumentos
de invisibles gnomos sabios,
los espíritus acuáticos y las diosas de los vientos.
Y cruzaban las pagodas,
y cruzaban las pagodas cual visión de mil colores,
como regias invitadas a las bodas
de la luz de las estrellas y el aroma de las flores.
Y eran flores, flores bellas,
las que mórbidas, y esbeltas, y rientes,
arrastraban al claror de las estrellas
y al sollozo de las aguas somnolentes,
sus disfraces de princesas,
de princesas refulgentes
y de históricas marquesas,
con magníficas diademas y con túnicas crujientes.
....
Ya arribaron todas, todas,
con sus pórticos y flámulas y sus globos de escarlata:
ya arribaron las pagodas...
Las pagodas han tocado la marmórea escalinata
del palacio del Gran Hombre
de mortífera sonrisa, y cuyo nombre
lo repiten la corriente de las aguas y los vientos en sus odas
y en los flébiles arpegios de su eterna serenata.

---

23 Río caudaloso que nace en la Laguna de Bay y cruza la capital del Archipiélago, donde vierte al mar.

Ya están quietas las pagodas, ya están quietas
cual quelónidos fosfóricos
que han plegado sus aletas,
escindidas en las ramas de los bosques madrepóricos.
Ya las flores van brotando, flores bellas,
flores mórbidas, rientes,
que recogen, al claror de las estrellas
y al murmullo de las ondas balbucientes,
los cendales de sus pétalos divinos,
y las nieblas de sus túnicas crujientes
empapadas en la gama de color de los ardientes
paisajes filipinos.
Los voltaicos van vertiendo con sus ánforas de plata
raudales diamantinos,
y en la lámina del agua y en la breve escalinata,
la luz blanca va escribiendo mil ensueños peregrinos,
mil curiosas historietas
de mundanas e inocentes, de galanes y poetas,
y de flores, y de flores
que vibraron entre ráfagas inquietas
de los cierzos destructores,
y murieron en un vértigo de amores,
reposando todas, todas,
al igual de las gloriosas, las espléndidas pagodas,
que se aduermen, que están quietas
como saurios gigantescos, cual quelónidos fosfóricos
que han plegado sus aletas
desgarradas en las puntas de los bancos madrepóricos.
....
Está lleno el gran palacio. En los fúlgidos salones
los disfraces van bailando
y ondulando,
al compás de locos valses y corteses rigodones.
Está lleno el gran palacio. Los voltaicos sinfonizan

un poema de alas blancas y eucarísticos jazmines,
mientras mugen los trombones,
mientras miman los violines
con sus mimos que electrizan,
y rotundos bordonean los pastosos violoncelos
unas músicas de ensueño que la mente narcotizan
como un opio de los cielos,
y derraman los oboes
la armonía voluptuosa del amor y del idilio
que recuerda bellas páginas del gran Longo y de Virgilio,
ibellas páginas soñadas en la Hélade y el Lacio,
tierra azul de las ideas!
con sus Dafnis y sus Cloes,
con sus Títiros agrestes y sus lindas Galateas...
¡Está lleno el gran palacio!
Y se agitan los disfraces en tumulto pintoresco,
y fascinan con sus ropas,
con sus ropas policrómicas, con su rostro pierrotesco,
y entre rápidas volutas del furioso torbellino,
burbujea efervescente, hasta el borde de las copas
delicadas y sonoras, la alegría del buen vino.
Las parejas se entrelazan,
las parejas sudorosas se entrelazan en la fiesta,
como ramas de mil árboles que se funden y se abrazan;
y a los sones de la orquesta,
que acaricia con sus flautas, sus oboes y violines,
los sedeños zapatitos y los nítidos botines
van trazando nuevas vueltas y espirales,
nuevas curvas ideales
a la luz de los voltaicos semejantes a jazmines,
a jazmines de florestas siderales,
de corolas luminosas, de pistilos colosales,
mientras sobre el lomo ingente del gran Pásig verdinegro,
las pagodas todas, todas,

las hieráticas pagodas,
se fastidian y bostezan, envidiosas del alegro,
las fantásticas pagodas.
....

Ya amanece. Ya el Sol bello pontifica en el espacio,
en su altar de azul y grana y con su hostia de topacio.
¡Ya está mudo el gran palacio!

Diciembre, 1903

DOLORA DE PASCUA

¡Alma de diciembre, perfume de Pascua,
que impregnas la arcilla de mi corazón,
y en lo frío pones de mi vida un ascua
de alegría ingenua y otra de ilusión...!

Sonajas y parches alzarán en coro
frente a los belenes pastoril canción,
y sobre el establo, una estrella de oro
marcará la senda de la adoración.

Son trozos de espejo los azules lagos,
algodón las nubes, lo demás cartón;
cruzarán un puente los tres Reyes Magos
y ordenará Herodes la degollación...

¡Ah! sí, muy dichosos los que todavía
no han roto los velos de la encantación,
y sueñan de noche, y también de día,
en que son las nubes copos de algodón.

¡Dichosas las manos de los pequeñuelos
que aun aroma el óleo de la tradición,
y dejan zapatos como barquichuelos
en espera de algo, sobre algún balcón...!

Si ellas no tocaran jamás una herida
ni tocaran nunca la humana ficción,
fueran inocentes por toda la vida
y en Belén durmiera toda su ilusión.

Pero se harán grandes, palparán desdenes,
tomarán un cetro: el de la Razón,

y ya no habrá el goce de erigir belenes
ni soñar en Reyes Magos de cartón...
....

¡Alma de diciembre, beso de la Pascua
que aromas la arcilla de mi corazón!
¿Por qué en nuestras vidas no pones un ascua
de candor eterno y eterna ilusión?

MÁS QUE TODO, MI CRUZ...

Hay un amor oculto en cada cosa
y en cada cosa una sutil tristeza,
lo mismo en una rosa
—vaso que abril llenó de su belleza—
que en la fina y voluble mariposa
de lírica hermosura,
que, al posarse temblando en tu cabeza,
surmonta su locura a tu locura.

Cuando despunta un sueño
y florece en la vida una quimera,
el fondo de las cosas es risueño
porque es azul como una primavera.
Pero si un sueño muere
y la quimera amable nos olvida,
cada cosa es un dardo que nos hiere,
y lloran no sé qué miserere
las cosas de la vida.

Todavía eres joven,
pero yo voy haciéndome ya viejo,
y antes que tu primor los años roben
y te diga el espejo
la verdad de un encanto destruido,
permite que te envíe este consejo
del corazón, un poco entristecido:

Busca el amor oculto en cada cosa,
quédate con el alma de la rosa,
con su aroma y color;
y de las alas de la mariposa
toma el vuelo sutil, la gracia leve,

y hallarás en la vida, que es tan breve,
una divina suavidad de amor.
Busca en la quieta fuente
la armonía del agua que hace santa
la enorme soledad;
busca en la ondulación de la corriente,
que a veces llora y otras veces canta,
el hondo arcano de la libertad.
No interrogues al astro
perdido en el zafir,
por tu senda o tu rastro,
o lo que ha de venir.
Pregunta por su luz, tan dulce y pura,
pregunta por su inmensa trayectoria,
y si es verdad que en la celeste altura
existe o no la gloria.
Busca, en fin, un amor en cada cosa
y cada amor te ofrecerá su rosa.

Yo, mientras tanto, buscaré en las cosas
una lágrima oculta, una tristeza.
Es justo. En mis jardines ya no hay rosas
sino espinas: ¡las lleva mi cabeza!
He cambiado las llaves del cariño
por las llaves del cofre del dolor,
y voy, o como un viejo o como un niño,
muerto para las glorias del amor.
Quede en tus manos, pues, la mariposa,
quede en tus manos la divina rosa,
el agua mansa y la celeste luz,
y déjame en limosna la tristeza,
las espinas que ciñen mi cabeza,
y, más que todo, mi sangrienta cruz.

LA BANDERA

Corre el torrente alborotado y ciego,
y el Derecho parece una quimera;
pero aun hay fe, y allí donde yo llego
ha de llegar conmigo mi bandera.

Es bandera muy santa. Me la dieron
hombres ya muertos de mi propia raza.
Ellos la amaron mucho y defendieron
cuando tronó el insulto o la amenaza.

Y hoy la defiendo yo. No sea el torrente
la fuerza superior que la derribe.
Esa bandera es algo omnipotente
que flota y obsesiona, y siempre vive.

¡Vivirá...! Si algún día de mis manos
un golpe del azar la desprendiera,
en pos de mí vendrían mis hermanos
a tremolar de nuevo esa bandera.

Fija en la brecha está. Ese es su puesto;
allí la encontrarán otras edades;
allí irán a besar su hierro enhiesto
rayos de gloria o fieras tempestades.

Allí la mirarán, siempre clavada,
flameando al Sol, las esperanzas mías;
vieja quizás, pero jamás hollada,
jamás vendida por el bravo «Elías»...[24]

Y Elías es mi hermano. Su firmeza

---

24 Interesante personaje de *Noli me tangere*.

arde en todas las almas filipinas,
ya la ciñan de flores o de espinas,
y satura de fe nuestra cabeza.

¿Y qué brazo mejor que el brazo hermano
para sostén de la bandera santa?
Ese la salvaría del pantano,
como la salva ahora y la levanta.

¡Alcémosla...! ¡Que llegue hasta los cielos,
que ondee y que restalle muy arriba,
que cubra con su gloria nuestros duelos
y que mantenga la esperanza viva!

Y aunque ciego el raudal se precipite
y parezca el Derecho una quimera,
nadie, mientras la fe no se marchite,
podrá decir que ha muerto esa bandera...

Junio, 1905

MARCHA FÚNEBRE DE CHOPIN

Pausas, grandes pausas, notas largas,
estertores musicales, lloriqueos de almas rotas,
fusión de cosas amargas,
y entre el lloro de las notas
lamentables y solemnes, melancólicas y graves,
un olor a flores mustias,
un vuelo de negras aves
cantando en el aire gélido la canción de las angustias.
Pausas, grandes pausas. (Va el cortejo,
con sus sombríos crespones,
por la calle silenciosa, de los cirios al reflejo,
farfullando rezos tristes. Los relinchantes bridones
estremecen sus gualdrapas
y sacuden sus airones
negros como las coronas, las estolas y las capas...)
Pausas, grandes pausas. Amarguras,
humedades en los ojos, en el pecho una honda herida...
¡Oh, flor de las sepulturas!
¡Oh, tristeza de la vida!
....
De repente un gran quejido, de repente un gran lamento.
una armonía inefable,
un suspiro sofocado bajo las alas del viento...
¡Algo que queda imborrable...!
El muerto va en la carroza,
anegada hasta los bordes de muchas rosas muy pálidas...
Detrás, la pobre familia que padece y que solloza,
¡caras de pena que cubren temblonas manos escuálidas!
El quejido pasa y muere
en languidez dolorosa,
y a lo lejos va llorando sus llantos el «Miserere»,
¡triste canción de la fosa!

...Y luego una melodía,
una música de ensueño y de aflicción resignada,
como el hielo, blanca y fría,
como el beso, delicada...
(El cuerpo es el del amado... ¡Adiós! Blanquea un pañuelo
sobre el negror de unos ojos
que suben desde el cadáver hasta la gloria del cielo
lleno de matices rojos...)
Crepúsculo. Entra el cortejo en la ciudad de los muertos.
Pausas, grandes pausas, notas largas,
armonías lamentosas, soledad de los desiertos,
¡inmensas cosas amargas...!

¡Oh, Chopin! ¡Oh, gran maestro!
(Ya están cayendo las hojas, ya está cayendo la escarcha.)
Haz que suenen en el aire melancólico y siniestro,
cerca a mí, las armonías funerales de tu «Marcha»...

Octubre, 1905

ANTIFONARIO

        Oración de toda hora

        Santa Reina del amor:
        tú sabes que noche y día
        te rezo la letanía
        y la salve del dolor.
        Tú sabes que es el deleite
        de mi alma sentimental
        llenar de fragante aceite
        tu lámpara de cristal,
        y con mano temblorosa
        mi luz votiva encender,
        y enflorar con una rosa
        tus leves pies de mujer.
        Señora: por la belleza
        de toda melancolía;
        por la vesperal tristeza
        de mi ruta; por la fría
        cerrazón de mis mañanas;
        por las rosas que en abril
        mueren solas y tempranas;
        por toda brisa sutil
        que besó flores amargas;
        por toda negra visión
        y por las horas ¡tan largas!
        en que espera el corazón;
        por los escollos adversos
        donde se estrella mi esquife;
        por mis lágrimas y versos
        y por el mismo arrecife,
        libértame del delito
        de hablarte a veces en prosa;
        libértame, y pues contrito

estoy de mi culpa odiosa,
guárdame en tu corazón
y en tu memoria también,
y dame tu bendición
por siempre jamás. Amén.

ORACIÓN MATINAL

Nuestra Señora de la mañana:
tú, que deslíes
sobre las nieblas tu suave grana;
tú, que te enjoyas de mil rubíes;
tú, soberana,
que te sonríes
como una dulce Fata Morgana,
pon en mi lengua sabor de mieles
y una sonrisa bajo mis labios.
No me des nunca laureles sabios...
Odio lo amargo: gloria, laureles.
Guíame al prado de tu optimismo,
donde el buen Emerson, todo sonrisa,
dijo su misa,
que era la misa de su pietismo...
¡Santa mañana, reina ideal,
vaso de lirios en eclosión,
arca de gemas y de cristal,
por ti suspira mi corazón!
Reina inmortal,
manda a mi pluma tu tentación,
toda la excelsa luz de tu edén;
libra mis sueños de todo mal,
y haz que a tu diestra me siente. Amén.

ORACIÓN DEL MEDIODÍA

Padre y señor. Tú, Mitra, el del ojo sanguíneo,
gran arquero celeste
que lo penetras todo con tu dardo lumíneo;
tú, el de la roja veste
con orlas y con flecos de eternas igniciones;
tú, Helios, y tú, Osiris,
por quien vive el imperio de las constelaciones
y se hace en las alturas el milagro del iris;
tú, bello emperador,
envíanos tus dones,
tus púrpuras de gloria y tu vital calor.
Derrite en tus brasas todos los corazones,
para que al fin, señor,
salgan del frío ártico de su inercia y desdén,
y en su nuevo ecuador
reciban el espíritu del arte nuevo. Amén.

ORACIÓN VESPERAL

Madona crepuscular
que de nostalgias te vistes,
cuando, tristes,
caen las rosas del otro lado del mar;
Madona, tú que, si pasas
sobre el camino del hombre,
dejas en toda frente prendidas las tenues gasas
de unas «saudades» sin nombre;
¡Madona! ¡Madona mía!
la de los ojos cargados de resplandores violeta,
fuente de melancolía
del poeta;
tiende tus pálidas manos
al que en tus velos de reina clava un dardo de ironía,
porque no entiende tu culto ni sabe de tus arcanos,
¡santa mía!
Dale a besar tus anillos
en que Véspero escintila,
tus collares, tus zarcillos,
tu boca roja y tranquila...
Y cuando tu seducción
divina y crepuscular
conquiste para tu rito algún nuevo corazón
que sepa quimerizar,
extiende sobre el neófito tus manos en bendición,
¡oh Madona!,
y alrededor de su sien
pon las perlas de nostalgia que tiemblan en tu corona,
por toda tu vida. Amén.

ORACIÓN DE LA ALTA NOCHE

¡Noche...! Sulamita,
tan hermosa y tan negra cual mis propios pesares,
como aquella que muere de langor, y palpita
entre los nardos del «Cantar de los cantares»;
emperatriz augusta del silencio y la sombra,
noche meditabunda,
¡salve, mil veces salve! Por mi voz que te nombra,
por mi vida errabunda,
por mi senda cubierta de propósitos muertos
y de muertas venturas;
por la luz que no encuentran mis jardines desiertos,
por todas mis tristuras;
unge mi pecho en un claror de Luna,
en un beso de brisas; dame el bien
de todos tus misterios, noche bruna,
y no me prives de tu Luna. Amén.

1908

HORA CÁLIDA

¡Oh calor de la siesta filipina,
calor de corazón, calor de fragua,
en que hierve en la copa cristalina,
con temblores estuosos, hasta el agua!

Una suave molicie que alucina
irrumpe en nuestra carne, y la cabeza,
como agobiada de sopor, se inclina
florecida de rosas de pereza.

Hay como una decadencia en las pupilas
húmedas de pasión; y mientras fiera
la luz solar sobre las cosas arde,

beben las almas graves y tranquilas
el vino del ensueño y la quimera
en el cálido vaso de la tarde.

Octubre, 1908

LA ISLA HERMANA

Isla de los tesoros,
Mindanao, isla fuerte de cristianos y moros,
grande bajo el aliento del polífono mar;
isla de bravas gestas y pugnas legendarias,
que tiene por reductos las selvas milenarias
y por vivac inmenso el campo secular.

Isla maravillosa,
sultana bella y grácil a quien vemos ansiosa
poner oro y corales sobre el nativo altar,
y buscar en la arena de sus sonoras playas,
como sus dos hermanas, cual Luzón y Bisayas,
la perla de un ensueño que no quiere llegar...

La gran Naturaleza
te dio la magia augusta de su inmortal belleza,
su savia formidable, su Sol canicular;
por eso son enormes tus bosques y tus ríos,
y hacen temblar ejércitos tus indomables bríos,
y el Apo a las estrellas no cesa de retar.

Eres como tus lagos,
para la flor propicios, para el pirata aciagos,
épicos en la guerra, líricos en la paz;
y eres, cuando el peligro tus lares amenaza,
la cúspide en que erige sus tiendas una raza
para gritar: —«¡Atilas! mi gloria no es fugaz.

»Yo soy como el granito;
mi sed de vivir sube hasta el infinito
como las flechas ágiles de mi aljaba ancestral.
Yo, aunque me ciña ajorcas, zarcillos y turbante,

tengo en las venas mías la sangre palpitante,
la misma que en el ara oblacionó Rizal.»

¡Loor a tu boca altiva,
Mindanao, isla de oro, Cólquida rediviva,
a donde van los Argos de un moderno Jasón!
Tu increpación histórica tiene inmanente vida;
es la consigna étnica de que jamás se olvida
ni el hombre de Bisayas, ni el hijo de Luzón.

Un vínculo más fuerte
que el puño de los Césares y que la misma muerte
hace de las tres islas un solo corazón;
que tendrá, en la ventura, una sonrisa única,
y, en las adversas horas, sabrá rasgar su túnica
con un definitivo y unánime tirón.

¿No son tus noches bellas
las mismas que las nuestras? ¿No es luz de tus estrellas
la que reciben juntas Bisayas y Luzón?
¿No es aroma indígena del «ilang-ilang» regio
el que a leer nos mueve un solo florilegio
y a sentir, alma adentro, una sola emoción?

¡No morirás...! No temas
que extrañas manos roben tus collares de gemas
y maten de un hachazo tu árbol tradicional:
los que guardan su libro de gestas legendarias
y tienen por reductos las selvas milenarias,
clarinearán mañana una marcha triunfal...

Cólquida filipina,
Mindanao, isla hermana, isla bella y divina
en cuyo honor dispara sus retumbos el mar:

para quien sea osado a herir tus esperanzas,
sé como nuestra piña, corónate de lanzas
y quede en ellas muerto el pulpo secular.

Agosto, 1908

ILANG-ILANG

«Ilang-ilang» de los huertos filipinos,
donde aroman aurinegras mariposas
sus dos alas de colores vespertinos
cual flabeles para reinas voluptuosas;

«ilang-ilang» de ramaje desmayado
—varillaje de verdosos parasoles—
tú eres fuerte por el beso que han dejado
en tu copa melodiosa muchos soles.

Son tus flores glaucos astros pensativos
y eres todo, cuando ondulas, incensario
ante el ara de los dioses primitivos
en el templo de algún bosque milenario.

Tu perfume, como un alma grande y sola,
ha pasado del terruño las fronteras;
y el prestigio que embellece tu corola
no lo olvidan las beldades extranjeras.

De sus áureos tocadores los cristales
—ostensorios de tu lírica fragancia—
reverdecen en los lechos virginales
un delirio que halló vida en la constancia...

«llang-ilang», árbol patrio, suave y bello:
a tu sombra dicen cuentos y cariños
nuestras musas de negrísimo cabello
y alma ingenua como el alma de los niños.

Si tus hojas, bajo el ala de la brisa,
dan al aire de la noche madrigales,

no hay un labio que no enflore una sonrisa
ni una fuente que no azule sus cristales.

«Ilang-ilang» que arrojaste tus corolas
en mis sendas a la luz del plenilunio:
¡cuántas almas que están tristes y están solas
han cubierto con tus flores su infortunio!

Y han creído que era un beso muy cercano
el suspiro de tus flores estelares,
y han gritado: «¡Ya, ya viene el beso hermano
a la herida que han abierto los pesares!»

Por ti, todo: por la gloria de tu esencia,
por tus hojas que alcatifan nuestra ruta,
por tu sombra, donde es buena la existencia
y pensamos que no es todo fuerza bruta.

Danos siempre con tu olor de primavera
un anhelo de ser libres como el viento,
que sacude tu fragante cabellera
y emborracha nuestra vida con su aliento.

«Ilang-ilang» de los huertos filipinos
a que el alma de mis cánticos se abraza;
sé tú el árbol de verdores matutinos
que perfume las tristezas de mi raza.

Septiembre, 1909

EL DOLOR DE LAS CUARTILLAS VÍRGENES

Quedó sin nada en la mesa la inmaculada cuartilla,
y yo me di en pensar hondo pidiendo una maravilla
a la luz chisporroteante de una candela amarilla
de pena... Quedó sin nada la inmaculada cuartilla.

Yo quise llenar el pliego, casto por sus resplandores,
de mis locuras de niño, de mis risas y dolores,
del aroma inolvidado de no sé qué santas flores,
y así convertir el pliego en libro de mis amores.

Era la noche de Luna. Fuera decían los vientos
el suspiro milenario de sus plácidos lamentos.
En mi frente había un loco florecer de pensamientos
y de tristezas nocturnas... ¡Fuera lloraban los vientos!

Mis pobres quimeras iban rotas en el torbellino;
mis pies no tenían rumbo, ni mi espíritu destino;
pero allá lejos un niño, un niño ciego y divino,
me disparaba una flecha y me enseñaba el camino.

Tomé la pluma. En mi mano hubo temblores febriles,
miedo de no encarnar nunca en las palabras sutiles
la voz de mi vida; el miedo de un «bebé» de cuatro abriles
a las brujas y los duendes de los cuentos infantiles.

¿Qué escribir? ¿Qué pensamientos consignar en aquel trozo
de papel? ¿Mis ilusiones? ¿La hora triste o la del gozo?
Miré dentro de mi vida y mi vida era un destrozo;
miré fuera, y desde fuera llegó a mí un hondo sollozo.

Solté el cálamo. Mi vida no me daba la respuesta;
no había una flor en toda la inmensidad de la cuesta;

mi fatiga siempre grande, la carga siempre molesta,
y en el aire ni el susurro de la más leve respuesta.

¿Qué escribir...? La tinta oscura del tintero era tristeza;
tristeza el silencio augusto de la gran Naturaleza,
y en medio de este dualismo de dolor y de aspereza,
se moría lo más triste de lo triste: mi cabeza.

Quedó sin nada en la mesa la cuartilla inmaculada.
Hundí en las manos mi frente ardorosa y quebrantada;
pedí al pábilo amarillo la lumbre de una mirada,
y en el fondo de mi vida no hubo nada, nada... nada.

¡Oh vacío de las almas...! ¡Oh negras horas tediosas
en que no hay para las manos que tiemblan divinas rosas,
ni para los ojos tristes un vuelo de mariposas
novias del Sol...! ¡Oh infinita pesadumbre de las cosas!

Dejadme esta noche solo retroceder a mi cuna,
ver que la besa y la envuelve un suave rayo de Luna;
no me arranquéis de los ojos una lágrima importuna...
¡Dejadme solo esta noche, que la noche está de Luna!

Alcé mi frente. La vida no me daba su respuesta.
No había una flor en toda la inmensidad de la cuesta;
mi fatiga siempre grande, mi carga siempre molesta,
y los labios de mi musa no me daban la respuesta...

Y mientras yo meditaba sobre la virgen cuartilla,
penetró por mi ventana un ave de pesadilla;
yo pedí que me cantara un canto de maravilla,
y el ave mató la luz de la candela amarilla.

Quedó sin nada en la mesa la cuartilla inmaculada.

Hundí en las manos mi frente ardorosa y quebrantada;
busqué en mi cofre más íntimo alguna perla encantada,
y en el cofre de mi vida no hallé nada, nada... ¡nada...!

Septiembre, 1910

A HISPANIA

  Te hablo en tu lengua; mis versos
te dirán que hay un amor
que en la hecatombe pretérita
su raigambre conservó
en lo más hondo y arcano
de mi pecho. Es como flor
que han respetado celliscas
y avalanchas de pasión,
flor abierta suavemente
en cumbres llenas de Sol,
a donde sube el espíritu
de sus quimeras en pos,
para rezarte: —«¡Oh, Hispania!
¡oh dulce idioma español,
el del arcipreste de Hita,
el de Lope y Calderón,
de Juan de Mena y Cervantes,
de Pereda y de Galdós!
¡Oh dulce lengua, que irradias
tu latina irisación
y encierras la amplia eufonía
de toda una selva en flor,
pues eres susurro de agua,
gorjeo de ave, canción
de brisa leve en las hojas
en mañanitas de Sol...!»
En esta lengua ¡oh Hispania!
balbuciente formuló
mi alma en los días niños
sus caprichos, su candor;
y en las horas juveniles,
cuando hicieron irrupción

en mi vida las primeras
exaltaciones de amor,
también fue tu idioma egregio
el que sirvió a mi ilusión
y la dio plumas divinas
de mágico tornasol,
para llegar hasta el fondo
de un lejano corazón
y decirle: —«Ven conmigo
y dame un beso de amor».
Murió este amor. En mi pecho,
muerta la hoguera, restó
un puñado de cenizas
de la pasada ilusión;
y al verme tan olvidado
de la mujer que me amó,
para luego envenenarme
con una negra traición,
cuando quise maldecirla
con mi pluma y con mi voz,
llorando de pena y rabia,
la maldije ¡en español...!
Y en tu idioma, que es un iris
por su fulgencia y color,
voy dando a todos los vientos
trozos de mi corazón,
mis líricos fantaseos,
mis optimismos, mi horror
por lo prosaico y mis gritos
de protesta y rebelión
contra todas las limazas,
contra el búho y el halcón,
contra la sierpe asquerosa
que quiere alzarse hasta el Sol,

contra «chaturas estéticas»
que nos roban la emoción,
contra Verres coloniales
y su dólar corruptor,[25]
y contra todos los hombres
que hacen tan fiera irrisión
del derecho de mi pueblo
a ser su único señor...
¡Oh noble Hispania! Este día
es para ti mi canción,
canción que viene de lejos
como eco de antiguo amor,
temblorosa, palpitante
y olorosa a tradición,
para abrir sus alas cándidas
bajo el oro de aquel Sol
que nos metiste en el alma
con el fuego de tu voz,
y a cuya lumbre, montando
clavileños de ilusión,
mi raza adoró la gloria
del bello idioma español,
que parlan aun los Quijotes
de esta malaya región,
donde quieren nuevos Sanchos
que parlemos en sajón.
Pero yo te hablo en tu lengua,
¡oh Hispania! porque es su son
como música de fuente,
como arrullo encantador,
y como beso de vírgenes
en primaveras de amor.

---

25 Alusión explícita al nuevo dominador, o sea la república de los Estados Unidos.

1913

NO CIERRES TU PUERTA

Un labio lejano me ha dicho
que tienes cerrada tu puerta...
Si es cierto, reforma el capricho:
¡tu puerta ha de estar siempre abierta!

Abierta a las aves del cielo,
abierta al rumor de las brisas,
al goce, al dolor, al consuelo
y al triste que pida sonrisas.

Abierta a los claros de Luna,
al suave perfume de mayo,
al lloro del niño en la cuna
y al viejo que tiembla en desmayo.

No cierres tu puerta. ¿No sabes
que cruzan el largo camino
mil sombras, mil vidas, mil aves
que ignoran su oscuro destino?

Tu mano, que abrió las entrañas
del suelo y halló un gran tesoro,
arroje las llaves extrañas
que cierran tus puertas al lloro.

Preparen tus manos la mesa,
el plato de arroz y hasta el vino.
¡La sombra en la luz hace presa
y es largo y tortuoso el camino!

Que sea, en la vida, tu techo
la fuente que lave los males,

que cierre las llagas del pecho
que borre las penas mortales.

Si quieres que nazcan al paso
de tu alma las rosas celestes,
acoge el dolor del ocaso
y zurce las míseras vestes.

Bien sabes que es noble y es santo
alzar al que cae en la vía.
No dudes ni niegues. El llanto
secado es raudal de alegría.

Si pones tu mano en la mano
del pobre, Dios besa la tuya.
No cierres tu puerta, ¡oh mi hermano!
no sea que de ella Dios huya.

Ten siempre dispuesta tu casa
y esté a todo huésped abierta,
que acaso la sombra que pasa
es sombra de tu madre muerta.

No cierres tu puerta. ¿No sabes
que cruzan el largo camino
mil sombras, mil vidas, mil aves
que apenas si saben cuál es su destino?

EL JARDÍN REDIVIVO
Para el «Jardín de Epicuro»[26]

Nuestros días sin Sol, de retiro y mudez,
en que el alma sufrió de congoja o esplín,
han pasado a ser ya cosa muerta, y, al fin,
nuevos besos de luz nos encienden la tez
y florece otra vez el antiguo jardín.

¡Oh delicia! ¡oh amor del humilde pensil
donde el alma sintió la pasión de soñar
y, en el giro fugaz de las auras, gustar
el olor celestial de las rosas de abril
y el dulzor juvenil de un anhelo de amar!

Está abierto el jardín. Venid todos a él
los que ansiéis suspirar besuqueando una flor,
los que, en vez de llorar, tengáis hambre de amor
al sonrís, al fulgor, al olor, a la miel
de una bella emoción. ¡El jardín está en flor!

Entrad todos, entrad. El antiguo jardín
solo os pide otra vez, por su nueva eclosión,
que tengáis para él una eterna canción,
una voz de querer, un espíritu afín
y una sed de habitar con la Reina Ilusión.

El vivir es el «hoy»; nadie sabe el «después»:
¿a qué tristes vivir, a qué solos vagar
sin un lazo de unión que nos pueda estrechar
y, aunque herida la sien y maltrechos los pies,
nos dé amor de vivir, de soñar y cantar?

---

26 Así era nombrado un cenáculo literario de Manila. Y para festejar la cena con que fue inaugurada su segunda etapa, escribió los versos el poeta.

Está abierto el jardín... ¡Cómo invita su olor
a subir al azul y olvidar el fangal,
lo que tiene de vil nuestra arcilla mortal,
lo que pone en la miel de la vida un sabor
parecido al cruel de las «flores del mal».

Corazón, emoción, ala leve y sutil,
tenlos siempre, oh varón, y tú siempre, oh mujer,
y ambos siempre tendréis, con las rosas de abril,
entre risas de Sol, un rincón de pensil
en que a solas oír el volar de un querer.

Este mar del vivir es muy fiero; este mar
tiene a veces un son de alarido de horror,
y quien oiga esa voz y no sepa ensoñar,
ante la ola sabrá cuán amargo es llorar
por el alma sin luz y la vida sin flor.

Luz y flor las veréis en el nuevo jardín
cuya fronda es de paz, cuyo ambiente es cordial;
unas veces dirá su quimera un violín
y otras veces de amor, Chaminade y Chopín,
en el clave dirán la sonata inmortal.

Vibrará su cristal una voz de mujer
como un ¡ay! de pasión o un suspiro de abril,
y el poeta alzará, fresca, gaya y gentil,
su canción al amor, a la vida, al placer,
y entre todos harán un edén del pensil.

¡Oh delicia! ¡oh amor del tranquilo jardín
donde el alma sintió la pasión de soñar
y, en el vuelo fugaz de la brisa, escuchar

la quejumbre sutil de un celeste violín
o el latido inicial de un anhelo de amar!

Entrad todos, entrad. El antiguo jardín
solo os pide esta vez, por su nueva eclosión,
que tengáis para él una bella canción,
una voz de querer, un espíritu afín
y una sed de morir por la Reina Ilusión.

Julio, 1913

LAS DOS HOCES

I

Parece la fragua el ojo cerrado
de un muerto titán,
y el yunque parece un pico en silencio
de un ave anormal.
En un negro rincón duerme el mazo
que otros días batiera el metal...
¡Cómo duele esta paz de la fragua!
¡Cómo duele esta paz!

«¡Hola, herrero! ¿qué tienes? ¿qué inercias
han ganado tus músculos hoy?
Tus brazos semejan dos ramas tronchadas,
dos angustias largas de una abdicación.
¡Levántate, herrero!
Haz que de la fragua resucite un Sol.
Enarbola el mazo y así, junto al yunque,
entre rojos halos serás como un dios.»
....
Ha soplado el fuelle sobre los carbones,
ya la roja llama crepitando está;
sobre el recio tórax del despierto herrero,
hay como una bella púrpura imperial.
El mazo es tu cetro;
¡oh herrero! comienza de nuevo a reinar,
y en tus brazos aprendan los flojos
a batir y forjar.

II

«—Toma este oro —le digo al becerro—
y forja una hoz.»
«—Yo no soy orfebre —me dice—
que herrero yo soy.»
«—Forjarás la segur; los orfebres

no pondrían en mi oro un vigor.
Ellos saben de ajorcas y anillos;
de segures, no.
Yo no quiero mi oro para hacer joyeles
que tengan el brillo de una tentación;
yo no quiero mi oro para que me muerda
la interior serpiente que mordió a Shylock.
Resuélvete, herrero;
mientras en la altura nos sonríe el Sol,
coge el oro mío con tus manos rudas
y forja una hoz.»

....

¡Cómo irradia la luz hecha de oro
y tiembla el metal,
con su luz de ideal novilunio
rielando en el mar!
En mis manos pone no sé qué virtudes
y en mi pecho enciende nueva claridad,
y en su empuñadura siento que palpita
el misterio fuerte de una inmensidad.

III

«—He aquí el hierro —le digo al herrero—
y forja otra hoz.»
«—Ya me duelen —contesta— los brazos
y débil estoy.»
«—Forjarás la segur. ¿No recuerdas
que el hierro es tu honor;
que del hierro has vivido y el hierro
dio a tu fragua inmortal tradición?
Herrero: a toda hora
es el hierro quien manda: ¡es el dios!
Si te cruzas de brazos, si doblas
el cuello al sopor,
en tu abulia torpe ya no escucharás

la solemne voz
del hierro, tu amigo... Escúchame, herrero,
y forja otra hoz.»
....
La segunda segur, la de hierro,
fabricada está.
Es como la ceja borrascosa y dura
de un fiero titán.
En mis manos tiene un brillo de relámpago
y en mi pecho enciende redentor afán,
y en su empuñadura, cuando ya la cojo,
siento el loco empuje de una tempestad.

IV Ya están en mis manos las dos sacras hoces
que el herrero anónimo para mí forjó:
la de hierro duro, que es mi fortaleza,
y la de oro fino, que es mi ensoñación.
La segur más grácil, para cuando quiera
cercenar un lauro o una flor de amor,
para el santo muérdago de la vida íntima
y para el ensueño de mi corazón;
y la más robusta, para las podridas
ramas que del árbol la ignominia son;
para las raíces de la mala yerba
que la gloria roban de la mies en flor,
y para los cuellos del halcón y el lobo
y el áspid traidor.

Mayo, 1914

VIAJE FANTÁSTICO

¡Va el corcel de mis versos...! Da a los aires sus crines
de metáforas nuevas y de símbolos bellos;
sus relinchos rimbomban como fieros clarines
y sus cascos galopan despidiendo destellos.

El corcel de mis versos es rebelde a los frenos
porque sabe que ahogan como en flor su carrera;
y en su fuga brillante por los cielos serenos,
no es Pegaso con alas, sino roja bandera...

¡Va el corcel de mis versos! En sus lomos cabalgo,
y enristrando el acero de mi acrática pluma,
con su hierro alanceo, como el clásico Hidalgo,
los fantasmas y duendes de la clásica bruma.

Mi corcel es el libre morador de los campos
donde se alzan en triunfo los ensueños del arte,
donde vierten de lleno sus magníficos lampos
las pupilas de Erato y el escudo de Marte.

Corre, corre a lo lejos, ¡oh corcel de mis versos!
y en los aires restallen tus indómitas crines,
que allí hay flores más regias y celajes más tersos,
y a tus nuevos escapes más abiertos confines...

¡Va el corcel de mis versos! Y azotando sus ancas
con la tralla flamígera de mi audaz fantasía,
llego, al fin, a unas tierras ideales y blancas;
llego, y beso entre auroras a la musa del día...

Abril, 1921

EL «KUNDIMAN»

Tagalo «Kundiman», «Kundiman» de versos de amores
que en los plenilunios prefieres tu vuelo tender:
tus suaves estrofas que lloran ocultos dolores
dicen la nativa tristeza del atardecer.

Tienes el aroma de nuestras endémicas flores
y el ritmo y el mimo de un beso ideal de mujer,
y resumes toda la queja de los soñadores
de mi pobre raza, sujeta a un extraño poder.

Fuiste la delicia de nuestros difuntos abuelos;
dasnos, en el tiempo presente, un dulzor de consuelos,
que son para el alma cual riego en muriente jardín;

y serás mañana de toda una raza la gloria
cuando, con tu música, su toque marcial de victoria
dé a los cuatro vientos un libre y sonoro clarín...

COPA BOHEMIA

Hela ahí: fino el cristal,
tembloroso, musical.
Hela ahí: fino el cristal.

Aún exhala un viejo olor
el cristal: guardó una flor
que aún exhala un suave olor...

Dio la flor una griseta
y dejó su alma el poeta
en la flor de la griseta.

Una noche dolorosa
robó la envidia la rosa
en la noche dolorosa...

Y dio fama a su bohemia
el pobre. ¡Sangre y blasfemia
dieron gloria a su bohemia!

Volvió al «bar», pidió más vino,
y, negro ya su camino,
en el «bar» bebió más vino.

Dijo sus últimos versos,
y, entre sus sueños dispersos,
lloró sus últimos versos.

Postrer copa... Dio un suspiro
y se suicidó de un tiro
en la sien... ¡Postrer suspiro!

Cayó al suelo la pistola
y al cristal dio una aureola
el humo de la pistola.

Él rodó bajo la mesa
con se desgracia inconfesa,
bajo el mármol de la mesa...

Y desde entonces no existe
quien beba en la copa triste
de bohemio que no existe.

Hela ahí: fino el cristal,
sin la flor sentimental
Hela ahí: ¡rojo el cristal!...

ETERNA HERIDA

¡Oh pobre corazón!
¡Oh entraña mía, sitibunda y loca,
que tiemblas a la más breve ilusión
puesta en la miel de una divina boca!

¡Oh víscera escondida
que sin cesar renuevas en tu fondo
tu amor ardiente y hondo,
sin ver que quedas para siempre herida...!

¡Oh triste corazón! ¿por qué vas ciego
tropezando en las sombras del camino,
cuando tu propio sino
te grita: —«¡Aún no! Tu ruego
no llegó a su destino
y tu tiempo de amar no es hoy, es luego»?

Pero tú, entraña mía,
vas amando a deshora, y sueñas... sueñas
que esas bocas risueñas
tienen piedad de tu melancolía.

Y creen tus quimeras,
y ves en lontanazas ilusorias
no sé que nuevas glorias,
no sé qué flor de nuevas primaveras.

Y tu sed de gozar te lleva lejos,
centuplica las plumas de tus alas
y hasta te olvidas de las cosas malas
cual si te alucinasen mil espejos.

¡Oh pobre corazón! ¡Ícaro triste
y triste Prometeo!
si subes a la altura el Sol te embiste
y, amarrado a la roca del deseo,
ni dicha ni quietud para ti existe.

Y esto lo sabes bien, ¡oh entraña mía!
y sabes del sendero que es muy largo
¡oh entraña! y, sin embargo,
vas cruzando el sendero en tu porfía.

Ya estás llena de sangre, ya tus fibras
se han desgarrado en su latir convulso
¡y sin embargo aun vibras!
¡Y sin embargo aun tienes nuevo impulso!

¡Oh vaso de dolor! ¡Oh pecho mío
que sabes convertir tu muerte en vida!
Si has de seguir amando sin hastío
¿quién habrá de curar tu eterna herida?

Mayo, 1921

Adelina Gurrea
Nació en la Carlota (Negros occidental), hija de los españoles don Carlos y doña Ramona Monasterio, ella hermana del notable autor don Ricardo. Recibió esmerada educación, primero en colegio español de monjas y luego, durante once años, en otro inglés. Cursó el bachillerato, sobresaliendo en el estudio de la Preceptiva y la Literatura británicas. A pesar de ello ha escrito sus versos en castellano, nunca en la lengua de Shakespeare. Salió al mundo de las letras por la «puerta grande», al obtener el primer premio en un concurso de cuentos para plumas femeninas (1915). Cuatro años después mereció igual galardón en certamen organizado por la «Casa de España», de Manila, Dirigió la Sección femenina de *La Vanguardia*, de la misma ciudad. Hace poco más de un año mora en la Península.

EL NIDO

        Primer premio en el concurso literario organizado
        por la «Casa de España», Manila, 1919

I   Ha lanzado la paloma su quejido lastimero.
        En el beso de la tierra con el cielo, muere el Sol...
        De la tarde el arrebol
        se desmaya entre las sombras de la noche del guerrero.
        El silencio de las horas enlutadas
        ha rasgado los clarines del heraldo de la muerte;
        hay espectros en las sombras y hay terror en las miradas
        y vomitan los cañones el derecho del más fuerte.
        Y ha volado la paloma de plumaje alabastrino
        ahuyentada por la mano poderosa del destino.

II   De su nido de ideales
        solo queda el esqueleto, ¡Seculares ambiciones!
        Aquel nido que cubierto de olorosas ilusiones
        orgulloso se mecía de la historia en los anales.
        Más su túnica de nieve
        ha rasgado el negro aullido de los vientos,
        y debajo de los santos, ideales sentimientos,
        son los odios un grabado, la ambición es un relieve.
        Aquel nido, que era un beso
        en el vivir de los hermanos corazones,
        es escarnio de la fe que se deben las naciones;
        y por eso
        ha volado la paloma de plumaje alabastrino,
        ahuyentada por la mano poderosa del destino.

III   ¡Oh, la mística paloma de las pálidas canciones!
        A través de nausebundas humaredas,
        por encima de campiñas que atraviesan las veredas,
        entre el ronco estremecer de los cañones,

entre el trueno de las turbas que fatídicas vocean
por encima de sepulcros y de alfombras funerarias,
suspirando sus plegarias,
va esfumándose su vuelo,
y se aleja con sus alas de los mundos que pelean
y se acerca con sus ansias a las cúpulas del cielo.
Ave errante y fugitiva, ave hecha de azahares,
¿Dónde buscas el encanto y el amor de tu doctrina?
¿Dónde están las resonancias de tu plática divina
y la piedra de holocausto que reclaman tus altares?
¿Dónde vas?
Si hoy el hombre irreverente
ya no quiere que te poses en su frente
palomita de la paz...
«Voy buscando» dijo ella, «algún nido hecho de amores
donde vivan mis creencias, donde mueran mis dolores.»
....
Tañen lentas, compungidas, las campanas de la Francia,
y vigilan solitarios
en sus níveos sudarios
los mil picos (que se burlan de la altura y la distancia)
de los rudos Pirineos.
El blancor de su cabeza
da un aliento en su tristeza
a la reina del olivo y a sus líricos deseos.
Pero sigue su camino,
porque en ellos aun se escucha
el estruendo de la lucha,
y aun la empuja aquella mano poderosa del destino.
Ya ha pasado por encima de la típica montaña
de los místicos del norte,
y ha llegado hasta la corte,
y en el suelo de la España
se ha posado la paloma de plumaje alabastrino

subyugada por un alma que es más fuerte que el destino.

IV   En el fondo dulce y cálido
de un humano corazón
ha hecho nido la paloma, mientras reza una oración
por la viuda sin amores, y los hijos del inválido.
Santo nido hecho de flores y fragancias maternales
de caricias, de ternuras
y sedientas calenturas
Por el bien de los mortales!
¡Corazón que guarda dentro
el calor de las canciones
que palpitan en los tristes corazones,
que es altar, estuche, y centro
de noblezas olvidadas y de hidalgas compasiones!
¡Ruiseñor enamorado
de los cánticos del arte!
¡Corazón! Santo estandarte
de lo honrado,
donde vive la divina poesía
de la tétrica tragedia del vivir.
¡Vaso hondo del sentir!
¡Corazón que es una mezcla de tristeza y de alegría!
Que es color, canto, fragancia,
clamor, risa, luz, suspiro,
movimiento, danza, giro,
simpatía y añoranza.
Don Quijote que enloquece
acariciando una ilusión.
¡Corazón, fiel corazón.
del gran Rey Alfonso XIII!
....
Y ha vivido la paloma de plumaje alabastrino
en el fondo de ese pecho que es más fuerte que el destino.

V   Ha cesado la matanza,
han callado los cañones,
y la voz de las naciones
la reclama una vez más con promesas de bonanza.
La paloma no se mueve. Con suspiro tenue y quedo
tiembla aún de sus ansias al compás.
La paloma de la paz
todavía tiene miedo.
....

En, la boca del monarca juguetea una sonrisa;
en el hueco de su mano aún descansa
la paloma blanca y mansa
que ha quedado para siempre convertida en su divisa.
¿Qué derecho hay en la tierra que le quite el blanco
              emblema,
redivivo con su aliento,
escudado con su honra, en el trágico momento
en que quisieron arrancarle esa gloria de su lema?
En las luchas de la corte, en la inquietud de la cabaña,
ha sabido defenderla con su pecho y con su ley,
ha sabido defenderla vuestro rey,
por la unión de sus hermanos y la gloria de su España.

A MIS PRIMOS
En el día de sus bodas

I ¿La Vida?........
Es un drama, de más o menos actos,
que puede ser comedia, aunque así siéndolo
no han de faltarle lágrimas;
o puede ser tragedia, aunque así siéndolo
no han de faltarle risas.
En ambos casos
Ni deja de ser drama
ni deja de ser vida.

II Nace el niño.
Y su primer saludo
es un llanto inconsciente;
ni siente lo que llora
ni llora lo que siente.
Pero en los huecos que egoísta deja
el reír y llorar de su niñez,
deposita la mano del destino
la pólvora dormida,
y la oculta alegría
que explote en la tragedia
y en la comedia ría.
El drama ya ha empezado y sin sentirlo
un acto ha terminado.

III Y suben el telón del segundo acto.
La adolescencia loca,
con sus bríos de férvida osadía,
se levanta gigante
en medio de la lucha
desafiando al mundo con los años

que tiene por delante.
Se propone vencer, porque confía
en ese amor sin fin
que engendra un ideal,
y en el firme y seguro pedestal
de una amistad sin cerco ni confín.
Ante sus ojos el mundo que soñó
se desvanece pronto,
y en su lugar, irguiéndose asesino,
otro mundo de prosas y mentiras
acaba de matar
del pecho joven el último ideal

....

Ya vemos asomar los dedos lívidos
de la cruel tragedia,
que por entre la puerta sin cerrojos
del corazón humano
intenta introducir toda la mano.
Y la vemos entrar,
muy abiertos los ojos,
la faz idiotizada,
pensando cuán inútil
será toda defensa meditada.
¡Oh maldecida mano
que llaman experiencia!
¡Qué caro cuesta el aprender tu ciencia!

....

Y con estas palabras el telón
vuelve lento a caer,
sin que el público sepa
lo que entre bastidores puede haber.

IV   Ya está el héroe otra vez sobre la escena
con su porte viril, pero... ¿y su fuerza?

Su fuerza no es la loca rebeldía
del que quiere vivir;
es la resignación, es la alegría
del vencido en la lucha,
que no le importa nada su derrota
porque trae la paz, aunque en sus garras
lleve su voluntad deshecha y rota.
Y se entrega en los brazos del amor
para gozar en paz
la dicha que promete,
y se arrima al hogar que da calor,
mientras el huracán fuera arremete
contra el loco que quiere, ensangrentado,
batirse moribundo,
y con la boca cubierta ya de espuma
hacer un gesto de desprecio al mundo.
A vosotros os hablo, ahora arribáis
al puerto de la paz.
Sois prisioneros de la gran batalla
donde la sociedad
al débil avasalla,
y en la cárcel sombría del deber
vais a reír,
vais a llorar,
y vais a recordar
el fragor de la lucha del ayer.
Yo soy siempre cruel con el cobarde,
más no hace caso ¡por Dios! de los poetas:
somos locos enfermos de la vida
y es que para curar
nuestro pensar suicida
la sociedad no encuentra una receta.
....
Tenéis derecho a vuestra dicha de hoy;

pues que es la libertad
a cambio de amor.
Reíd la carcajada
de la felicidad,
soltad vuestras campanas,
que repiquen a gloria,
que suenen alegría,
que lleguen sus tañidos
a esta mansión dichosa,
que besen vuestras almas
con sus sueños de rosa.
Yo quiero panderetas,
yo quiero cascabeles,
quiero trinos de pájaros
y ruido de caireles,
yo quiero la alegría
de los días de Sol,
quiero la chillería
de la niñez dichosa,
y en medio del concierto
de este bullicio humano
una salva de aplausos
por mis primos hermanos.

V   Ya solo falta un acto,
Y ese os toca a vosotros concluir.
Estáis sobre la escena...
Acabad vuestro drama
con el arte grandioso del vivir.
Pero tened en cuenta
que si os sale tragedia
no han de faltarle risas;
ni han de faltarle lágrimas
si os resulta comedia.

EL FANTASMA DE MARÍA CLARA[27]

El epílogo triste de tu vida
se prolonga cubriendo con su gloria
el silencio expresivo de la historia.
Fingiéndote dormida,
cual sonámbula audaz, en la alta noche,
caminas abordando los abismos,
y eres el albo escudo,
protector de sagrados misticismos,
y eres dorado broche
del rosario oloroso de sampagas,
emblema de virtudes femeninas,
que adoran las «dalagas»[28]
nuestras dulces mujeres filipinas.

Allá en la negra noche,
rasgada por relámpagos inquietos
y llorada por negros nubarrones,
hiciste de tus lágrimas derroche,
para llorar tus retos
en un ¡ay! de deshechas ilusiones.
Muerta, más no vencida,
tu alma extenuada y fría
comprendió la grandeza del dolor;
del dolor que afrontó con heroísmo,
para hacer de la vida
una trágica negra poesía;
para hacer del amor
un sublime grandioso fanatismo.

Creyéronte fantasma, y sí lo eras;

---
27 Heroína de *Noli me tangere*.
28 Muchacha, doncella.

de pie, sobre un tejado
batido por la lluvia huracanada,
no eras masa de carne que gemía,
eras la encarnación de algo soñado,
un aliento que vive de quimeras,
el último estertor de una agonía,
aquella sombra tierna y desgraciada
que con su cuerpo proyectó Rizal
sobre el Sol de una creencia,
salvando su existencia
con las luces espléndidas
de su genio inmortal.

¿No te acuerdas ya más, María Clara?
La noche saturada de negrores.
Sobre la ingente ara
de la naturaleza embravecida
sacrificaste todos tus amores,
diste toda tu vida.
La noche se prolonga y hay quien llora.
Entre muros que llaman Democracia
la mujer filipina
siente el zarpazo de un progreso falso,
y se busca tu fuerza de aquella hora,
tu alma llena de gracia,
para huir de un cadalso
lento y espiritual, mas no por eso
menos tirano que el que mata al preso.
Tu eres chispa nacida
del cerebro de un mártir de la Idea,
en el choque aquel seco del amor
(a la patria adorada)
contra alguna injusticia maldecida.
No murió tu esplendor,

y en la noche del hoy aún eres tea
que camina en la nada
del misterio del alma femenina,
un fantasma esparcido
en su psicología tenue y fina,
aroma desprendido
del dolor de un poeta,
que te dejó al morir,
para que en la carrera
empuñases muy alto su bandera
y llegases por él hasta la meta
antes de sucumbir.

Por eso en la presente oscuridad
escuchamos el ritmo de tus pasos,
porque en aquella noche de orfandad
dilataste tu espíritu
hasta romper los lazos
del abrazo fugaz de lo mortal.
Y por eso,
fantasma azul del alma femenina
que soñara Rizal,
prolongación del beso
de su obsesión divina,
vibrante poesía
que el poeta cantara,
eres, clara María,
¡nuestra María Clara!

DEL PRADO AMIGO

Hay un silencio triste, de consuelo, en el prado.
Una esquila se queja en los brazos del viento
como un poeta triste, eternamente atado
al buey de la materia, sin luz ni sentimiento.

Las voces pueblerinas de unos chicos se alejan
entre el grueso ramaje con que se adorna al río.
De su inercia unas rocas parecen que se quejan
y la yerba se seca al beso del estío.

Otra vez el silencio. Ahora es un gorjeo
que sobre mi cabeza sueña un verso de amor...
Vuelve a chillar la prosa: mugriento y sin aseo
el tren silba ya el grito carnal de un estertor.

Unas nubes muy blancas se agarran al azul.
Árboles verdinegros vigilan el espacio.
Los murmullos del río me rozan como un tul
que acaricia las trenzas de una novia. Despacio
marcha el Sol. Al azar abro el libro, un retrato
me sonríe... ¡Es tu risa!... En mi triste mirar
se esfuma la campiña. Todo esto es solo un rato.
¡Después son unas ganas muy grandes de llorar!...

Los Molinos, agosto 1921

NO ESTÉS TRISTE

No estés triste...
A través del espacio,
tan henchido de arcanos
y apariencias de calma,
enlacemos, despacio,
el alma de las manos
y las manos del alma.

No estés triste...
Voy a inclinar mi frente,
para que en ella escribas
tu pregunta en un beso.
Un silencio doliente
responderá con vivas
ternuras hechas verso.

No estés triste...
Yo callo porque quiero
que tú, en la sinfonía
del silencio sagrado,
percibiendo el ligero
temblor del alma mía,
me sientas a tu lado.

No estés triste...
¡que tú nunca estás sola!
ha bajado una estrella
y ha llegado a tu lecho.
¿Conoces su aureola?
mi amor hecho centella
se refugia en tu pecho.

No estés triste...
Que también ha bajado
un rayo de Luna.
¡Yo estoy siempre contigo!
Mi tristeza a tu lado
es siempre, ¡siempre! una
caricia de un amigo.

No, no; nunca estés triste...
A través del espacio,
que guarda los arcanos
de nuestro amor sin calma,
enlacemos, despacio,
el alma de las manos
y las manos del alma.

Cercedilla, septiembre 1922

José Hernández Gavira
Nació en Ilo-Ilo el 20 de octubre de 1893. Bachiller en 1912 y abogado en 1916, paró en militar, siendo ahora teniente del tercer regimiento de infantería de la división filipina al servicio de Norte América. En Ilo-Ilo dirigió *El Adalid*. Fue luego redactor del *The Philippines National Weekly*. Ha publicado en Manila, 1921, un volumen de versos: *De mi jardín sinfónico*.

NO ES MI MUSA...

No es mi musa la sílfide aturdida
que corre tras azules mariposas,
ni tampoco es Ofelia dolorida
que pasa desbordando tuberosas.

Es Astarté mi musa preferida,
la que inspira pasiones clamorosas.
Es voluptuosa y es gentil panida
la diosa de mis vidas primorosas.

Es mónada que ríe, canta y llora
con locura de pájaro divino,
de ritmos y de vida sembradora.

Baco la ofrenda cántaros de vino,
e implora Pan, cabe sus pies de Flora,
loco de amor celeste y peregrino.

1921

PARA TI

Para ti son todas
mis ternezas cálidas,
y mis rosas pálidas,
y mis reales odas.

Para ti mi aliento
y también mis rezos,
la miel de mis besos
y mi pensamiento.

Para ti mis cantos
que humedecen llantos
de acerbo dolor.
Para ti la esencia
de esta mi existencia
que atrista el amor.

1921

LA ESPERANZA

Nácar de Luna que en los cielos, riela,
oriflama brillante sobre el mar,
nieve en la cima que el calor deshiela,
pebetero encendido ante el altar,
presto a los caminantes mi consuelo,
acompañando a Fe y a Caridad;
las tres llevamos por camino el cielo,
formando una gloriosa trinidad.

Soy la princesa del ropaje verde
que renueva en el hombre la confianza,
cuando el naufragio del vivir le pierde;
le hago entrever la mística bonanza,
mientras la sierpe del dolor le muerde;
soy la última en morir: soy la Esperanza.

1921

EN LA HORA DEL CREPÚSCULO

Se oye un lamento de agoreras aves
bajo el palio del cielo tropical,
y se aspira un olor de brisas suaves
que estremece el silencio sepulcral.

Sobre el lejano mar las negras naves
sombras son en la calma vesperal;
en la fronda un rumor de notas graves,
que deslíe un liróforo oriental.

Es la hora del crepúsculo. Silente
gime el aura rindiendo vasallaje
a Febo que desciende al Occidente.

Eternamente fúlgida y doliente,
es la tarde del trópico salvaje
que muere lenta, lenta, lentamente...

CUANDO YO MUERA...

Cuando yo muera llevad mis restos
allá a la cumbre de una montaña
que sea digna de mis arrestos
de indio poeta, nieto de España.

Egregia lira mi tumba exorne,
para que preste vida a mis huesos,
y allí una virgen y Pan bicorne
derramen ritmos, flores y besos.

Grabad entonces sobre mi fosa
con letras de oro esta inscripción:
«Yace aquí un bardo que a toda cosa
grande o hermosa dio el corazón.»

Tirso de Irureta Goyena
Español su abolengo. Hijo de don Ramón, teniente coronel de Ingenieros de nuestro ejército, ya difunto, y hermano de un actual comandante de caballería. Perdió Tirso la nacionalidad de la progenie para ejercer en Manila la abogacía. Fue nombrado C. de la Española y le sorprendió la muerte (1918) cuando trataba de organizar una Academia, corresponsal de la citada, en la capital del Archipiélago.

RECUERDOS

I   Cae la inmensa cascada
en numerosos raudales
cual los níveos cendales
de una virgen desposada.
Y aquella masa agitada
de cortinas espumosas
que se pierden rumorosas
en el fondo del abismo,
semejan el eco mismo
de una conciencia irritada.

II   El ambiente, saturado
de mil líquidos vapores,
llena de frescos olores
aquel lugar retirado.
Y así el tajo fabricado
por térreas convulsiones,
irisado por millones
de rayos de un Sol que baña,
figura enorme champaña
que chispea desbordado.

III   Junto a los trozos de roca
cubiertos por verde hiedra,
formando dique de piedra
al agua que se desboca,
se oye un rumor que entrechoca
con multitud de sonidos;
notas de risas, gemidos,
sollozos e imprecaciones
y acentuadas inflexiones
de besos de boca a boca.

IV Ante el murmullo constante
de rápidos surtidores,
que descienden bullidores
en un caer incesante,
hace sentir palpitante
mi corazón sus latidos,
y cien recuerdos queridos.
Cual procesión ilusoria,
desfilan por mi memoria
con marchar avasallante.

V Siente el alma, dolorida
por fiebre que la consume,
sutil y vago perfume,
que al descanso la convida;
y al quedar adormecida
por el agua saltadora,
que susurra arrulladora,
dejos de ardientes caricias,
sueña con locas delicias
de las que alegran la vida.

VI Hay en el agua una nota
de tonos arrulladores,
cual si pregonase amores
el líquido que borbota;
y por la atmósfera flota
una humedad impalpable,
cuyo vaho imponderable
exhala en sus blandos giros
los sofocados suspiros
de la cavidad ignota.

VII   Bajo el azulado velo
del sereno firmamento
en aquel feliz momento
de olvido y de loco anhelo,
quisiera emprender el vuelo
hacia recuerdos hermosos,
que brillan esplendorosos
en medio de mis dolores
y ofrecen consoladores
las dulzuras de mi cielo.

VIII   Las matas y los abrojos
se agitan al roce leve
de la brisa blanda y breve
que acaricia sin sonrojos;
y entre los verdes despojos
del fondo de la llanura,
creo entrever la figura
de alguna imagen querida
que me mira enternecida
con sus adorados ojos.

IX   Mas, al despertar ligero
de las dichas de mi sueño,
y abandonar el beleño
de aquel cuadro lisonjero;
solo escucho el lastimero
movimiento de las aguas
y el ruido de las piraguas
que surcan río cercano,
perdiéndose por el llano
a impulsos de hábil remero.

X   Dije mal; no se ha perdido

la impresión de mi memoria.
Y en la accidentada historia
de lo poco que he vivido,
evocaré enternecido
los gentiles surtidores
que, blandos y arrulladores
cual la brisa del desierto,
me hacían soñar despierto
con mi recuerdo querido.

TRÍPTICO

Divina voz

Es tu voz cuando cantas dulce fuente,
arroyo fresco que en la selva umbría
el himno de cristal de su corriente
va entonando en suave melodía.

Escuchándote, el alma se extasía,
brilla luz de ideales en mi mente
y calma de tus notas la armonía
la fiebre abrasadora de mi frente.

Ahora que triste, enfermo y abrumado
por desengaños, descansar quisiera
en un rincón oscuro y olvidado.

Oyendo el eco de tu voz de diosa,
en el pecho sombrío la quimera
deja caer sus pétalos de rosa.

JUNTO AL ALTAR

La lucidez de mi amoroso anhelo
entreví tu límpida mirada,
que a través de las sombras de tu velo
me hiere el corazón como una espada.

Marchando, silenciosa y recatada,
hacia el altar, con religioso celo,
pareces una virgen arrancada
de las alturas del divino cielo.

La nieve de tu frente se ilumina
cuando el ungido tu presencia acierta
y a darte el cuerpo de Jesús se inclina;

Mi adormecido corazón despierta,
y en tus hermosos ojos adivina
los mismos ojos de mi madre muerta.

ARDIENTE AMOR

No pudieron la ausencia ni el olvido,
ni el hielo de tu cruel indiferencia
arrancar para siempre esta dolencia
del fondo de mi pecho dolorido.

La pasión que me tiene enloquecido
me consume con honda persistencia,
y resurge con súbita violencia
ante el prodigio de tu ser querido.

Cual hadas misteriosas de un ensueño,
son la nieve y la rosa de tu encanto
que aumentan la porfía de mi empeño;

¡Oh amor inexplicable, bajo el manto
de las blancas cenizas de mi sueño
entona el himno de su ardiente canto!

HERMANOS ESPAÑOLES

    Soneto improvisado en el acto de la inauguración
    de la «Casa de España»

    Hermanos españoles: un bardo de mi raza
    ha cantado las glorias de vuestro hablar divino,
    que es el sublime nexo que a todos nos enlaza
    y hace un súbdito hispano de todo filipino.

    Por eso, aunque designios fatales del destino
    rompieron la cadena de amor que nos unía.
    caballeros andantes por el mismo camino
    marcharán juntas siempre vuestra patria y la mía.

    Y así como en tres siglos de perenne memoria
    vivieron bajo Hispania las filipinas greyes,
    y escribimos unidos los fastos de la historia;

    Aun las leyes de España se llaman nuestras leyes,
    vuestra alma es la nuestra y es nuestra vuestra gloria,
    Y es Miguel de Cervantes el rey de nuestros reyes.

Emilio Jacinto
Revolucionario ardiente en el movimiento secesionista de Filipinas. Organizó el «Katipunan». Con Andrés Bonifacio dio el grito de independencia en Balintauac, agosto de 1896. Generalísimo del ejército del Norte, combatiendo contra los españoles, fue herido y hecho prisionero (1898), muriendo al año siguiente. Sus coterráneos veneran su memoria. Escribió poesías, principalmente en su lengua vernácula y pocas en castellano. La inserta recuerda «Ultimo adiós», de Rizal.

A LA PATRIA

¡Salve, oh patria, que adoro, amor de mis amores,
que Natura de tantos tesoros prodigó;
vergel do son más suaves y gentiles las flores,
donde el alba se asoma con más bellos colores,
donde el poeta contempla delicias que soñó!

¡Salve, oh reina de encantos, Filipinas querida,
resplandeciente Venus, tierra amada y sin par:
región de luz, colores, poesía, fragancias, vida,
región de ricos frutos y de armonías, mecida
por la brisa y los dulces murmullos de la mar!

Preciosísima y blanca perla del mar de Oriente,
edén esplendoroso de refulgente Sol:
yo te saludo ansioso, y adoración ardiente
te rinde el alma mía, que es su deseo vehemente
verte sin amarguras, sin el yugo español.

En medio de tus galas, gimes entre cadenas;
la libertad lo es todo y estás sin libertad;
para aliviar, oh patria, tu padecer, tus penas,
gustoso diera toda la sangre de mis venas,
durmiera como duermen tantos la eternidad.

El justo inalienable derecho que te asiste
palabra vana es solo, sarcasmo, burla cruel;
la justicia es quimera para tu suerte triste;
esclava, y sin embargo ser reina mereciste;
goces das al verdugo que en cambio te da hiel.

¿Y de qué sirve ¡ay, patria! triste, desventurada,
que sea límpido y puro tu cielo de zafir,

que tu Luna se ostente con luz más argentada,
de que sirve, si en tanto lloras esclavizada,
si cuatro siglos hace que llevas de sufrir?

¿De que sirve que cubran tus campos tantas flores,
que en tus selvas se oiga al pájaro trinar,
si el aire que trasporta sus cantos, sus olores,
en alas también lleva quejidos y clamores
que el alma sobrecogen y al hombre hacen pensar?

¿De qué sirve que, perla de virginal pureza,
luzcas en tu blancura la riqueza oriental,
si toda tu hermosura, si toda tu belleza,
en mortíferos hierros de sin igual dureza
engastan los tiranos, gozándose en tu mal?

¿De qué sirve que asombre tu exuberante suelo,
produciendo sabrosos frutos y frutos mil,
si al fin cuanto cobija tu esplendoroso cielo
el hispano declara que es suyo y sin recelo
su «derecho» proclama con insolencia vil?

Mas el silencio acaba y la senil paciencia,
que la hora ya ha sonada de combatir por ti.
Para aplastar sin miedo, de frente, sin clemencia,
la sierpe que envenena tu mísera existencia,
arrastrando la muerte, nos tienes, patria, aquí.

La madre idolatrada, la esposa que adoramos,
el hijo que es pedazo de nuestro corazón,
por defender tu causa todo lo abandonamos:
esperanzas y amores, la dicha que anhelamos,
todos nuestros ensueños, toda nuestra ilusión.

Surgen de todas partes los héroes por encanto,
en sacro amor ardiendo, radiantes de virtud;
hasta morir no cejan, y espiran. Entre tanto
que fervientes pronuncian, patria, tu nombre santo;
su último aliento exhalan deseándote salud.

Y así, cual las estrellas del cielo numerosas,
por ti se sacrifican mil vidas sin dolor:
y al oír de los combates las cargas horrorosas
rogando porque vuelvan tus huestes victoriosas
oran niños, mujeres y ancianos con fervor.

Con saña que horroriza, indecibles torturas—
porque tanto te amaron y desearon tu bien—
cuantos mártires sufren; más en sus almas puras
te bendicen en medio de angustias y amarguras
y, si les dan la muerte, bendicente también.

No importa que sucumban a cientos, a millones,
tus hijos en lucha tremenda y desigual
y su preciosa sangre se vierta y forme mares:
no importa, si defienden a ti y a sus hogares,
si por luchar perecen, su destino fatal.

No importa que suframos destierros y prisiones,
tormentos infernales con salvaje furor;
ante el altar sagrado que en nuestras corazones
juntos te hemos alzado, sin mancha de pasiones,
juramentos te hicieron el alma y el honor.

Si al terminar la lucha con laureles de gloria
nuestra obra y sacrificios corona el triunfo al fin,
las edades futuras harán de ti memoria;
y reina de esplendores, sin manchas ya ni escoria,

te admirarán los pueblos del mundo en el confín.

Ya en tu cielo brillando el claro y nuevo día,
respirando venturas, amor y libertad,
de los que caído hubieren en la noche sombría
no te olvides, que aun bajo la humilde tumba fría
se sentirán felices por tu felicidad.

Pero si la victoria favorece al hispano
y adversa te es la suerte en la actual ocasión,
no importa: seguiremos llamándonos «hermano»,
que habrá libertadores mientras haya tirano,
la fe vivirá mientras palpite el corazón.

Y la labor penosa en la calma aparente
que al huracán precede y volverá a bramar,
con la tarea siguiendo más firme, más prudente,
provocará otra lucha aun más tenaz y ardiente
hasta que consigamos tus lágrimas secar.

¡Oh patria idolatrada, cuanto más afligida
y angustiada te vemos te amamos más y más:
no pierdas la esperanza; de la profunda herida
siempre brotará sangre, mientras tengamos vida,
nunca te olvidaremos: ¡jamás, jamás, jamás!

Octubre, 1897

Anselmo de Jesús y Vergara
Nació y murió en Manila, abril 1869 y mayo 1901, respectivamente, cursó el bachillerato en escuelas privadas, y en centros oficiales de enseñanza dibujo y rudimentos de escultura. Se consagró luego a este arte en el taller de su padre, don Romualdo Teodoro, imaginero de nota. En sus vagares cultivó la poesía amatoria y la patriótica, siempre en castellano. Colaboró en *El Comercio*, *El Resumen* y *El Bello Sexo*, y fue uno de los fundadores de *La Moda Filipina*, periódicos todos de Manila.

A UNA ROSA

Ve, tierna y fragante rosa,
llena de encanto nacida,
el aroma que en ti anida
a ofrecerla bondadosa.

Cual amante mariposa,
de nieve y carmín teñida,
besa su boca encendida
y en su cabellera posa.

Y dila que en tu pensil,
en bullicioso tropel,
huríes te han reclamado
y beldades más de mil,
y que a todas ellas, cruel,
con esquivez te he negado.

LA INFANCIA

Sueño fugaz de la vida,
campo esmaltado de flores,
aura empapada de olores,
carrera llana y florida...:
tal es la infancia querida.

La vida le es placentera,
al ignorar que le espera,
en su camino escabroso,
con el semblante lloroso,
la triste vejez austera.

LA SAMPAGUITA

Diminuta y nevada,
en los pensiles de mi patria amada,
entre mil raras flores peregrinas,
brota la sampaguita perfumada,
cuyo tímido broche,
joya digna de ser de las ondinas,
ábrese al tierno aliento de la noche.

Nocturno adorno bello
que a las encantadoras filipinas
regala Dios para prenderse al cuello.

EL HOMBRE

Con ardiente ambición desmesurada,
anhela ciego el hombre, sin reposo,
blasones adquirir, nombre famoso,
y subyugar la ciencia ilimitada.

Escudriñar la bóveda estrellada,
registrar el Océano proceloso,
por llegar, arrogante y majestuoso,
de la gloria a la cúspide escarpada.

Tal es su ceguedad y su locura:
llevado por mezquinas ambiciones,
lauros y gloria sin cesar procura.

¡Vive anhelando vanas ilusiones,
sin recordar que en una tumba oscura
se perderán sus glorias y blasones!

Vicente de Jesús y Vergara
Contemporáneo. Hermano de Anselmo.

LO IMPOSIBLE

Tú y yo somos dos almas de misterio.
Eres tú la poesía de la vida,
materia que germina en el imperio
lumínico del astro apolonida.

Yo soy el vate de inmortal salterio;
alma sublime a la emoción nacida,
que vuela de hemisferio en hemisferio
siempre a los rayos de tu luz asida.

No confundas tu sueño con mi sueño,
que somos dos materias bien distintas
a pesar de esta magna afinidad...

Eres la Inspiración, mas soy el dueño
del ritmo y de las gamas inextintas,
¡y mía es la sublime eternidad!

DESPUÉS DE TODO...

Sobre la cresta del altivo monte,
águila herida por audaz, detengo
mi vuelo para ver el horizonte
ensangrentado y triste de que vengo.

Abajo yacen muertos pavorosos;
los cuervos que han posado a mi partida,
llenarán sus estómagos ansiosos
bebiendo sangre en cada fresca herida.

Así es la humanidad; para el herido
la paz, la indiferencia y el olvido,
solo en el llano y en la cumbre solo.

Para el muerto la unción de los gusanos,
repartición, de carnes entre hermanos:
¡comedia eterna, repugnante dolo!

Mayo, 1920

Rosario Lam
Poetisa contemporánea, casada con norteamericano, pero españolísima de sentimientos.

ASPIRACIÓN
A Alejo Valdés

De tu lira, poeta, yo diría
que los pechos embriaga con su canto
cuando llora las penas, el quebranto,
del hijo por la madre en agonía.

El que lea tus versos pensaría
eres bardo sutil, semidivino.
Virgilio del Parnaso filipino,
y filtro del dolor tu poesía.

Yo te auguro corona de laureles
con tu «Electa», panal de ricas mieles,
ánfora evocadora de tus cuitas.

Y aspiro, como premio a tus dolores,
ofrenden a tu musa bellas flores
de cadenas de amor y sampaguitas.

Octubre, 1915

Enrique K. Laygo
Abogado y poeta contemporáneo.

¡SIEMPRE IGUAL!

Siempre lo mismo, siempre igual. Mi vida,
cansada está de sus antiguos vuelos,
y estúpida persigue la medida
carrera de dos rieles paralelos.

¡Siempre igual!... Hay la misma establecida
mudez indescifrable de los cielos;
la misma torpe humanidad vencida
besando la cadena de sus duelos.

¡Oh! ¡Quién, teniendo fuerzas lapidarias,
pudiese ese banal mundo de parias
sostener como un Atlas en sus hombros;

y sacudirlo, en un supremo esfuerzo,
a ver si así revive el Universo;
o se sepulta al fin en sus escombros!

«TIRONG»

Caballeresco tipo que de otros tiempos queda,
forma nota discorde con el siglo presente.
Bien merece el prestigio de casacas de seda,
con una espada al cinto y un chambergo en la frente.

Así podría abrir camino a cintarazos
al paso de su potro que corre como el viento
mientras, acongojada, desmáyase en sus brazos
una dama arrancada al dolor de un convento.

Y en el seno tranquilo de la noche sombría,
con el ojo avizor, su fuga seguiría
hasta que el nuevo Sol derramase su brillo.

A tiempo que a través de floridos jardines
resonasen triunfantes clangores de clarines
desde los alminares de su feudal castillo...

Edilberto Lazcano
Presbítero. Colabora en *El Debate*, de Manila. Ha comenzado a versificar, para el público, hace poco; pero ya tan formado literariamente, que merece un lugar en este Parnaso.

DÍPTICO

I   LA CAMPANA

¡Oh España, de sin par ejecutoria,
que a tu cabeza unciste el Universo:
del Sol de tu poder radiante y terso
hoy solo queda pálida memoria!

Más, ya hundida la torre de tu historia
bajo las olas de un olvido adverso,
aún repica sonora como el verso
la campana gloriosa de tal gloria.

En el templo ideal del alma humana
es tu lenguaje esa inmortal campana;
y es de su voz el eco soberano

la virtud de cien pueblos diferentes,
para avanzar, seguros y valientes,
por la ancha vía del progreso humano...

II   RAMO DESGAJADO

No lamentes, España, tu caída,
si te hirió con su hachazo el elemento;
también lograste que impregnase el viento
la rica esencia que exhaló tu herida.

Y del árbol herido de tu vida
un ramo en flor se desgajó violento;
que fue rodando a la merced del viento
hasta hundirse en la mar embravecida.

Pero, al cogerlo Dewey de la playa,
vio que era un gajo de la mar malaya
florecido de perlas peregrinas.

El que se desgajó de tu existencia,
llevándose tu amor, tu fe, tu esencia,
¡el ramo en flor: mi patria, Filipinas!

Julio, 1922

FASCINACIÓN

He soñado contigo... ¿No lo dudas?
Mejor; así comprenderás al fin
que hay besos más horribles que el de Judas,
cerebros locos y almas de Caín.

He soñado contigo... Han sido mudas
horas de ensueño —horas de jardín—
con los ojos abiertos a las rudas
olas de olor que me brindó un jazmín.

He soñado contigo... Mira; aun arde
mi corazón en su postrer alarde.
Mírame bien ¡oh amor! mírame bien.

Y aunque en la vida sea todo falso,
hazme con tus abrazos un cadalso,
pero ven a matarme de amor... ¡Ven!

1911

Leoncio G. Magno
Nació en Manila el 13 de enero de 1895. Una acuitada adolescencia le impidió acabar en el Ateneo municipal el bachillerato. Ejerció el oficio de tornero mecánico. A los dieciséis años versificaba. Consagrado ahora al periodismo, es redactor del diario filipino *La Vanguardia*. Adora a Rubén y Villaespesa.

TROVA DOLOROSA

Romántica «dalaga»
que lloras, dolorida,
con tu alma de azucena, sin luz, desfallecida,
en medio de la senda de la desolación.
Del astro de tu angustia
suprema a los reflejos,
bardo de ensoñaciones, vengo a ti, de muy lejos,
con la lira enlutada y triste el corazón.

Aquí me tienes, virgen
de sublimes amores.
Ante el ara sombría de tus hondos dolores,
donde fulgura el cirio de la Fatalidad,
permite que lamente
tus penas y tormentos,
yo que, cual tú, he sentido también mis sufrimientos,
sin ver siquiera un prado de la Felicidad.

¡Qué suerte tan infausta
te dio la Providencia!
la esperanza nacida en tu pura conciencia,
de la implacable parca, cayó bajo el rigor,
y el ser idolatrado
de tu sueño divino,
se fue por el sendero que le trazó el Destino
¡y te has quedado sola con tu infinito amor!

¡Ah! Si pudiera mi alma,
«dalaga» de mi tierra,
mitigar los pesares que tu espíritu encierra,
te enseñaría un prado de encanto singular,
y en medio de tus ansias,

bellísima criatura,
te haría ver poéticos jardines de ventura,
do eternamente puedas tu cuitas olvidar.

Mas, enjuga el llanto
¡oh virgen desolada!
eleva hacia el Altísimo tu lánguida mirada,
tu mirada piadosa ¡oh púdica mujer!
y piensa que el amado,
tu gloria, tu consuelo,
aquel que te adoraba no ha muerto, está en el cielo,
y allá en el cielo sueña, feliz con tu querer!

¿Qué más hacer podrías,
con entera eficacia,
sino saber, heroica, triunfar en la desgracia,
y dar un santo bálsamo de paz a tu orfandad?
La vida es así: mezcla
de gozo y agonía...
A la tétrica noche, sucede el claro día,
y al día placentero, la triste oscuridad...

Alma buena y romántica,
corazón dolorido,
levanta, pues, tu espíritu sin luz, desfallecido,
en medio de la senda de la desolación...
Del astro, de tu angustia
suprema a los reflejos,
bardo de ensoñaciones, vine a ti, de muy lejos,
para darte las rosas de la consolación.

Helas aquí, pletóricas
de esencia consagrada...
Yo las pongo a tus plantas con mi lira enlutada,

en el augusto nombre del rey universal...
¡No pierdas la esperanza!
La muerte, en sí, no es muerte...
¡Es solo una vereda que nos conduce al fuerte
imperio donde irradia el Sol de lo inmortal...!

1920

A LA JUVENTUD FILIPINA

Juventud, flor divina de mi tierra,
el horizonte se abre a tu camino...
Mira las cumbres... Tu progreso encierra
el ideal del pueblo filipino.

Es verdad que jamás falta en la ruta
de la existencia, un negro precipicio...
Pero ¿qué importa? Tu alma no se inmuta
y está dispuesta siempre al sacrificio.

Animosa prosigue tu jornada...
¡Bajo el beso del hada de la Historia,
tu naciste con alma destinada
a ser conquistadora de la gloria!

Con un amor ardiente e infinito,
enarbola la enseña de la ciencia...
¡En las hojas del libro allí está escrito
el poema inmortal: la independencia!

Juventud estudiosa del Oriente,
las libertades nacen en la guerra,
pero tú, de la paz bajo el ambiente,
con tu saber libertarás mi tierra.

Que no haya ni un pequeño desaliento,
a la luz de tu espíritu sublime...
Con la labor constante y el talento,
así una raza toda se redime.

Mañana, cuando llegues, afanosa,
con tus frescos laureles, a las cumbres,

te abrazará una patria venturosa,
ante una aurora de gloriosas lumbres...

Te rendirán la vida y el misterio,
del porvenir los prados ideales,
y las musas, en todo el hemisferio,
te cantarán con trovas inmortales.

Juventud, esperanza de mi tierra,
es grandioso y sublime tu destino...
Sigue avanzando... ¡Tu progreso encierra
la redención del pueblo filipino!...

1920

FLORES OLVIDADAS

La virgen desposada lleva floridos ramos,
radiante de ternura y de felicidad.
Se arrodilla ante el ara. Y, con dulces reclamos,
ofreciendo a Dios flores, jura fidelidad...

Las flores son las bellas mensajeras del alma
que saben de las glorias que dora la ilusión.
¡Hay pájaros sin nido, hay momentos sin calma,
más, sin flores no tiene palabra el corazón!

¡Pobres flores que bajo un oscuro destino
he encontrado olvidadas en medio del camino...
Por vuestras gracias vibra mi lira con amor!

Vuestro hermoso capullo una misión encierra:
la aurora por vosotras ilumina la tierra...
¡La tierra, por vosotras, no olvida a su Creador!

AMOR DE MADRE

Bajo un Sol de misterio,
en un pobre ataúd,
cuatro hombres me llevaron a un negro cementerio,
poblado de violetas en mística quietud.

Estaba triste el cielo
tres rosas del amor,
de vigoroso luto, con hondo desconsuelo
lloraban por la muerte del joven trovador.

Era una la adorable,
enferma de ilusión,
a quien bajo un ramaje de dicha, inolvidable,
una tarde yo diera todo mi corazón.

Era otra la afligida
musa de mi querer,
que en las horas sombrías e inciertas de la vida
consolaba mi espíritu con su alma de mujer.

La tercera era aquella
que me enseñó a sufrir,
aquella madre mía, pura como una estrella,
conturbada pensando siempre en mi porvenir.

¡Y que lección encierra
aquel sueño opresor!
Ante una sepultura pusiéronme en la tierra,
abrieron mi ataúd y después... ¡oh dolor!

En el horrendo estado
de la disgregación

mi carne, barro siempre, había entrado,
ahuyentando el encanto de la humana ficción.

La musa idolatrada
de mi ardiente querer,
y aquella novia enferma de ilusión, tan amada,
gimieron mucho, pero resistiéndose a ver...

Y en un sublime exceso
de su amor inmortal,
mi madre fue la única mujer que un sacro beso
depositó en las ruinas de mi carne mortal.

1921

Isidro Marfori
De la Laguna, como Rizal y Cánon. Nació el 15 de mayo de 1890. Interno con jesuitas y dominicos, se graduó de perito mercantil. En talante de poeta, tuvo una primera juventud inquieta y romántica, aunque al fin le sujetaron las realidades de la vida. Ha impreso en Manila dos colecciones de poesías: *Aromas de ensueño* (1914) y *Cadencias* (1917). Villaespesa es su poeta preferido: luego Darío, Núñez de Arce, Chocano y Vargas Vila.

A SALVADOR RUEDA
        Con motivo de su viaje a Filipinas

        Artífice inmortal de la Poesía,
        incomparable y mágico rimero
        que tienes en las venas fuego ibero
        y en el pecho panales de ambrosía.

        Alma de luz, de Sol y de armonía,
        que en medio de este siglo de odio fiero,
        descuellas indicando un derrotero
        a la soberbia humanidad del día;

        bardo de paz y de combate rudo,
        que la bandera azul tan alto agitas,
        ¡divino soñador, yo te saludo!

        ¡Mi musa a ti, con temblorosa mano,
        te ofrenda un haz de frescas sampaguitas
        ¡oh embajador del intelecto hispano!

        1915

A UNA ESTRELLA

Dulzuras destella
tu luz de topacio,
luminosa estrella
del celeste espacio.

Y viendo que de ella
yo nunca me sacio,
me sonríes bella,
desde tu palacio.

Tus fulgores dame,
que amante los guardo
en mi ánima opresa,

y deja que te ame
nostálgico el bardo,
¡divina princesa!

1917

LAS NOCHES DE CITA

Todas las noches, a la sombra amena
de un frondoso macizo floreciente,
yo acudía con paso diligente
y con el alma de ilusiones llena.

Veía a poco su cuerpo de azucena
avanzar indeciso, lentamente,
mientras un ansia de pasión ardiente
daba a mi pecho hervores de colmena.

Juntos los dos en dulces embelesos,
volvíamos al cuento de los besos,
sin pensar que es voluble la fortuna.

Y solo nuestro ardor se interrumpía
cuando ya en el azul se desleía
la dorada sonrisa de la Luna.

1917

EL PÁSIG

En una vega ubérrima y tranquila,
bajo el quemante ardor de un Sol de estío,
sonoro y riente se desliza el río
desde el lago de Bay hasta Manila.

Bruñe la faz de su caudal bravío
brillante luz que todo refocila,
y se entorna ofuscada la pupila
al contemplar tan fulgido atavío.

Al saludo jovial de la cañada
y del «sipao» que trina en la enramada,
su romántica y triste serenata,

van pasando sus linfas transparentes
bajo el arco de hierro de los puentes
como una eterna procesión de plata.

A LA GLORIA

En la aurora de mi vida,
aún sin dolores aciagos,
te he visto, de azul vestida,
flotando en mis sueños vagos.

Despertaron mi dormida
pasión tus dulces halagos,
tornaste en arpa mi vida
y fui cisne de tus lagos.

Y ahora qué en ellos me agito,
con una sed de infinito
y la visión de mi cruz

¿porque le niegas ioh gloria!
a mi breve trayectoria
tu eterna estela de luz?

1917

AL VOLCÁN APO

Guarda silencio el coloso, silencio largo y profundo.
Ni siquiera se estremece su ardiente seno iracundo
al paso del fiero «baguio»[29] que desbasta en un segundo,
azotando en su locura la enorme esfera del mundo.

Velado por blancas nubes yace en un frío mutismo;
ningún rumor de amenaza se escapa de su hondo abismo
¿Está en vísperas y acaso se reconcentra en sí mismo
y prepara en sus entrañas un horrendo cataclismo?

Preguntádselo a las tribus que moran en sus laderas
y os dirán que el Apo duerme con sus ansiedades fieras
que las lavas de sus hornos solo se desbordarán
el año en que ellos olviden, en su propio menoscabo,
la tradición milenaria de dar a feudo un esclavo
arrojándole a las fauces insaciables del volcán.

1917

---

29 Ciclón.

EN LA MUERTE DE TIRSO DE IRURETA-GOYENA

Junto al negro ataúd de tus despojos
¡oh prócer de linaje apolonida!
mi frente inclino, humilde y abatida,
y un responso de amor rezo de hinojos,

al pensar en tus épicos arrojos,
en los laureles de tu edad florida,
siento la honda amargura de la vida
y se llenan de lágrimas mis ojos...

No te alzas ya para domar la rabia,
de la impiedad y el credo disoluto...
ya no escuchamos tu ingeniosa labia.

Has caído, llenándonos de luto,
¡como un árbol pletórico de savia
al grave peso de su mismo fruto!

Octubre, 1918

POR AMOR A ESPAÑA
Segundo premio en el concurso de la «Casa de España», 1919

TRÍPTICO HEROICO

I
Desafiando del sino los desmanes,
un grupo de española valentía
arribaba a las ínsulas un día
al mando de Fernán de Magallanes.

En la cruz de sus recios gavilanes
las católicas luces nos traía,
en sus fuertes aceros la hidalguía,
en sus pechos, olímpicos afanes.

Estoicos, en el ciclo de sus penas
conquistaron sus glorias de soldado,
y al sellar con la sangre de sus venas

su epopeya brillante y espartana,
nos dejaron el dúplice legado
de su habla hermosa y de su fe cristiana.

II
Árbol coloso de verdor florido
que ha tres centurias crece y exubera,
es en mi patria la cultura ibera
que la escuadra inmortal nos ha traído.

Nativos ruiseñores hacen nido
en sus frondas de eterna primavera,
y aunque enfurece la ventisca fiera,
en la arada social seguirá erguido.

En vano ilusos de intelecto oscuro,

que miran su grandeza con inquina,
clavan las hachas en su tronco duro.

¡Por virtud de sus mismas cicatrices
no hay un trozo de tierra filipina
que no abarquen sus cívicas raíces!

III   La gratitud es una flor que brota
de la pureza del sentir humano,
y no hay sarcasmo ni atrevida mano
que la marchite en mísera picota.

—¡Oh falange del yelmo y de la cota!
Para pagar tu esfuerzo soberano,
lidiar quisiera por el fuero hispano
en una tierra anónima y remota.

Que el talismán sagrado del ensueño,
oculto en mi armadura de guerrero,
hará un gigante de mi ser pequeño.

Y en una gran batalla yo quisiera
hacer del brazo un mástil altanero
¡para elevar al cielo tu bandera!

TRES SONETOS DE AMOR

I
    Paseaba su gracia de sultana
al múrice reflejo del Poniente,
cuando en la luz de su mirada ardiente
vi el paraíso de la vida humana.

    En pos de sí marchó la caravana
—cual una estela inmensa y esplendente—
de todos los ensueños de mi frente
y todos mis anhelos del mañana.

    Y fue la estrella que fulgió en mis cimas,
la lírica cadencia de mis rimas,
el encanto perenne de mis horas.

    Mi astro altivo tejióla una guirnalda,
la hizo un trono y pidió para su espalda
el bermellón de todas las auroras.

II
    A distancia la amé, porque quería
vaciar en un romántico latido
la excelsitud del ideal florido,
su esencia de suprema poesía.

    En silencio la amé porque temía
que mi orgullo tenaz fuese vencido,
que se mofara de mi pecho herido
¡y solo fuera mi ilusión de un día!

    ...Pero el disimular inútil era,
pues no se oculta una pasión sincera
con grávidas cadenas o cerrojos.
Y al fin la dijo mi íntimo secreto,

tras la prisión de un antifaz discreto,
la pena delatora de mis ojos.

III Como va al Sol la inquieta mariposa
para besarle en su febril intento,
constante iba mi inquieto pensamiento
tras la esquiva figura de mi hermosa.

El tierno hechizo de su faz radiosa
me sonreía en mi amargo aislamiento,
añoranza celeste que al momento
remozaba mi vida tumultuosa.

¡Callar más tiempo me oprimía el pecho!
y dejando el amor su encierro estrecho,
entró en el alma de la amada mía.

¡Mas vio en el templo su candor inerte
y en su ara triste, al soplo de la muerte,
un resplandor que en sombras se extinguía!

Enero, 1920

Esteban Nedruda
Consagrado al periodismo, es ahora redactor de *El Debate*. Antes lo fue de *La Vanguardia*.

ANHELOS

Quiero los cantares que miman al alma,
las tiernas endechas que saben a miel,
los trinos del ave de la noche en calma
y el aroma suave que esparce el vergel.

Quiero las caricias de la fresca aurora
sentir en la frente al amanecer,
y en los labios rojos de la diosa Flora
libar tiernos besos que embriaguen mi ser.

Quiero de la brisa el blando murmurio
en campos y valles plácido escuchar,
y de la sibila el feliz augurio
de glorias y triunfos de mi patrio lar.

Quiero luz, colores, vida, miel, aroma,
pues tengo en mi pecho una eterna sed
que mi alma atormenta cual una carcoma
y de las tristezas me pone a merced.

Y quiero en mi rostro sentir de los vientos
ósculos ardientes que sepan de amor,
y en mi mente loca tejer pensamientos
tan bellos que halaguen mi alma, mi alma en flor.

Porque necesito decirme a mí mismo
que el dolor no existe, que es pura ilusión,
que solo germina el laudable altruismo
de todos los hombres en el corazón.

Que todo es ameno, que todo es de rosa,
que es palabra vana la fatalidad,

que ninguna pena mi pecho destroza
y que no es amarga la realidad.

Porque hay que engañarse si el alma queremos
que no se deshaga en jirones mil,
y siempre pensemos y siempre forjemos
que nunca se mueren las rosas de abril.

Ya que nuestro mundo lleno está de abrojos,
vilezas y engaños que causan horror,
un cristal de rosa pondré ante mis ojos
porque todo sea de hermoso color.

Por eso yo adoro del Sol los fulgores,
y busco en los ritmos el grato solaz,
y alfombro mi senda con versos y flores
para hacer más dulce la vida fugaz.

MEDITACIÓN

Segado por el viento de un huracán furioso
desciende al frío suelo el cáliz de una flor:
tal de los desengaños al soplo venenoso
fugaz se desvanece un sueño encantador.

El río solitario, cruzando las malezas,
en su áspero camino tropieza sin cesar,
y en vez de alegres odas murmura sus tristezas:
tal navegan los hombres de la vida en el mar.

Un día contemplaba en viejo campanario
la ligera veleta de su eterno girar,
y pensé que es veleta el hombre en su calvario
que gira sin descanso en constante penar.

Y, si acaso, hay momentos de calma lisonjera
que de gozo inocente nos hacen sonreír,
son momentos fugaces que con la primavera
dejan triste recuerdo en el pecho, al partir.

Cuando en noches serenas despierta el alma mía
tras un sueño de rosa —dulce sueño de amor—,
que en suave desvarío recreó mi fantasía
por mundos ignorados y jardines en flor;

Cuando en alas del rápido y misterioso viento,
de la argentada Luna a la trémula luz,
a las altas regiones vuela mi pensamiento
olvidando un instante de las penas la cruz;

Yo siento que en mis labios se enjoya la sonrisa
y la calma perdida vuelve el alma a sentir,

y yo bendigo todo: rocío, flores, brisa;
y entonces me parece que es hermoso el vivir.

¡Oh, cuán grata es la vida cuando solo ilusiones
llenan de nuestra mente el invisible azul!
¡Cuán bello es todo el mundo si nuestros corazones
de amor se sienten presos en el rosado tul!

Mas ¡ay! cuando se cae la venda de los ojos,
el bello panorama tórnase en funeral...
¡Los que gratos nos fueron, hoy nos causan enojos!
¡Lo que fue nuestra dicha, es ahora nuestro mal!

Entonces es en vano que alcemos las miradas
hacia el límpido cielo do dicen que está Dios;
¡no tendrán ningún eco nuestras tristes baladas
y de los sueños idos se perderán en pos...!

¿Porqué ha de ser la vida cadena de amarguras?
¿Porqué todos nosotros hemos de padecer?
Dime, ¡oh rey de los astros que radiante fulguras!
¿Porqué gime lloroso el infante al nacer?

Luis F. Nolasco
Contemporáneo. Posee el título de abogado.

FLOR DE DOLOR

Tus lágrimas enjuga, amada mía,
y escucha los gemidos del amante
que te alza una rosa lacerante
en cada estrofa de su poesía.

No llores ¡virgen mía! si el destino
de negras gasas recubrió tu suerte;
no llores, que mi amor hasta la muerte
luchando seguirá por tu camino.

Bien comprendo la cruel melancolía
que en tu alma dolorida se atesora,
las penas que tu sufres cada día,
y las nostalgias que tu pecho llora.

Mas no llores; la vida es así, amada,
toda lucha y dolor, pena y tormento;
la vida es viva acción del sufrimiento
y es imagen de amor, despedazada.

Yo adoro tu beldad y tu pureza
como adoro a los ángeles del cielo;
solo por adorarte me desvelo
en medio del dolor y la tristeza.

Yo te entrego la flor de mis amores,
mi lauro eterno, mi triunfante palma;
te entrego así mi corazón y mi alma
pero nunca la cruz de mis dolores.

Seca tus negros y divinos ojos,
alza tu frente de oriental violeta,

mi amor tu senda limpiará de abrojos...
¡Ya eres salva, mujer...! ¡Te ama un poeta!

José Palma y Velázquez
Nació en el arrabal de Tondo, de Manila, en 1876, falleciendo el 12 de febrero de 1903. Fue ardiente revolucionario, como sus hermanos Manuel y Rafael. Cursó el bachillerato con los jesuitas. Escribió sus primeras poesías a los diecisiete años. Perteneció, con sus hermanos, Cecilio Apóstol, los Guerrero (Fernando y Manuel), Veyra, Zulueta y otros al cenáculo literario aposentado en la morada de Epifanio de los Santos Cristóbal, el filipino erudito, C. de nuestras Academias de la Lengua y de la Historia. En 1912, los hermanos de José Palma editaron un tomito de las poesías del poeta muerto, bajo el título de *Melancólicas*, con prólogo de Cecilio Apóstol.

MI REGALO

¿Sabes cuál es...? ¡Escúchame un momento!
con voz muy queda lo diré a tu oído,
que no lo pueda oír el mismo viento
que, al refrescar tu frente con su aliento,
palpita de placer estremecido.

Es muy pobre, muy pobre... casi nada,
es más bien la fineza de un mendigo:
una joya sin brillo, desgastada,
que, por cobrar su luz en tu mirada,
te la ofrece el afecto de un amigo.

¡Aquí lo tienes, toma!... te lo entrego:
es este corazón ya moribundo,
que se agita entre océanos de fuego,
y que latiendo temeroso y ciego,
te vio y te amó con un amor profundo...

Es este corazón de fibras rotas,
anémico y enfermo, siempre triste...
donde circulan de la hiel las gotas
y vibran melancólicas las notas
de un mal tenaz que en maltratar insiste.

Es este corazón, que va sangrando
con la herida brutal de su delirio,
mi pobre corazón, agonizando,
mientras va sollozando... sollozando...
al rudo golpear de su martirio.

Este martirio he siempre comprimido
por inquieto temor a tu repulsa,

hondo martirio que, a mi ser asido,
parece cual mi vida confundido
y siempre al lloro y al sufrir me impulsa.

¡Cuántas veces sentí su horrible clavo
golpearme con áspera sevicia,
y sentí a su furor cómo temblaba
el cielo de las dichas que soñaba,
como un mundo de luz que se desquicia!

¡Cuántas veces también alzó en mi pecho,
la indómita borrasca de la angustia,
y por las noches le encontré en acecho
para robar mi sueño, sobre el lecho
en que gemía por mi vida mustia!

¡Ay, no es verdad que brote la alborada
tras la noche caótica y severa!...
Donde la pena labra su morada,
allí estará cual víbora enroscada,
siempre más pertinaz, siempre más fiera.

En vano, muchas veces, temerario,
intenté refrenar con valla ruda
el cauce de mis penas tumultuario:
no he logrado desviarme del calvario
donde sucumbo sin piedad ni ayuda.

Ya han hollado mis pies muchas espinas,
y aunque avanzo llorando en mi camino,
solo encuentro doquier sombras y ruinas,
tristes, como las tintas vespertinas,
y oscuras, cual la voz de mi destino.

¿Qué me resta sufrir?... En mi amargura,
¿Dónde tender la vista lacrimosa
sin que encuentre mi propia desventura?
¡Oh!... ¿Como descansar de esta tortura
el alma que no vive ni reposa?

Solo tú, solo tú, virgen del cielo,
puedes reverdecer mi vida muerta;
tú regalarme puedes el consuelo,
y puedes alegrar mi triste duelo
y restañar mi herida siempre abierta.

¡Oh! en ti está mi esperanza; no la mates;
déjame acariciar mis ilusiones,
y no me arranques ¡ay! no me arrebates
la dicha que me anima en los combates
y rompe de mi mal los eslabones.

¡Es tan triste sufrir!... Es tan sombrío
batallar con el propio sentimiento,
que, si no escuchas el acento mío,
tal vez con la punzada del estío
no me dure la vida ni un momento.

¡Oh! escúchame... ¡Aquí estoy! Solo, perdido
en mitad de mi oscuro derrotero...
Y aunque procuro, loco, dolorido,
desterrar mi pesar con el olvido,
ya no puedo luchar... ¡Ámame o muero!

EN LA ÚLTIMA PÁGINA DEL NOLI ME TANGERE

Eres el grito del derecho herido,
la encarnación de las candentes lágrimas
que en la noche sin luz de su pasado,
de mi país los ojos escaldaban.

Yo te leí cien veces. Noble amigo,
hallé siempre flotando en cada página,
un paño para el llanto del esclavo,
para el tirano vengadora tralla.

¡Cómo sentía, al recortar tus hojas,
lástima por mi patria esclavizada!
¡Cuál lloraba contigo en mis insomnios,
y ansiaba, como tú, la luz del alba!

Más un día... sonaron los fusiles,
ahogó los suspiros la metralla,
y fulminando muertes, al derecho
pronto abriéronle paso las espadas.

Y tembló la opresión. Himno de muerte
parecía el rugido de sus armas,
y en su mismo estertor... ¡ay! frente a ella
irguióse su conciencia: ¡cuán manchada!

Entonces, al clangor estrepitoso
que producían, al herir, las balas,
veía al pueblo defender sin miedo
la idea que tus párrafos inflama.

Veíale surgir grande, potente,
dispuesto a perecer en la demanda,

a recabar con sangre de sus venas
su libertad y su honra conculcadas.

Y fue obra tuya, tuya solamente;
que, sin ti, aún no viera nuestra patria
roto el dogal que le estrujaba el cuello
y en sus cielos brillando la alborada.

¡Ah! —Mucho hiciste. Verbo del opreso,
anatema al poder, tus hojas santas,
al irradiar en los cerebros muertos,
de la opresión libraron una raza.
....
Te cierro ya. En la noche de su sueño,
¡paz al patriota que escribió tus páginas!
dile que sus hermanos no le olvidan,
que en cada pecho se le erige un ara.

Octubre, 1898

DE MI JARDÍN

Me pides sampaguitas... No te envío,
porque, al ir a cortarlas de la rama,
sentí temblar mis manos y mi pecho
prensado por la lástima.

No quiero que padezcan esas flores,
como padece, lejos de ti, mi alma,
no quiero que al contacto de mis manos
perezcan marchitadas.

¡Qué caigan ellas solas! Yo, que siento
más que nunca mortíferas nostalgias,
no quiero que por mí tengan las flores
nostalgia de las ramas.

Es crueldad separarlas de sus tallos
antes que lo haga el soplo de las auras
¡quién sabe si en las horas más de vida
que se irán al troncharlas,

ellas esparcirán en el ambiente
la esencia más sabrosa y delicada
que formada con mieles de rocío
en sus corolas guardan!

Deja que vivan. A nosotros mismos,
a pesar de seguir nuestra jornada,
marchando sobre espinas y entre sombras
la vida nos es grata.

Nada tememos más sino la muerte...
¿Y si tuvieran esas flores alma?

¡Quién sabe si sintieran asimismo
temor de verse lacias!

No; déjalas vivir. Que vivan siempre
en su palacio de hojas y de ramas;
que las encuentre allí la mariposa,
su eterna enamorada;

que saluden los ocres de la tarde,
que explendan con las púrpuras del alba,
que beban del rocío de las noches
y halaguen las miradas.

Las pobres sampaguitas se resienten
cuando alguien de su tallo las separa;
al hallarse en el pecho o en las trenzas,
sufren; se tornan pálidas.

Y cuando están así ¿qué hombre puede
contener de los ojos una lágrima?
¿Quién no se acuerda de los tristes seres
que mueren de nostalgia?

1900

EN LA HAMACA

¿Qué se perdió en el seno del vacío?
¿Qué inquieren sus miradas?
¿Mira, acaso, a las aves que se esconden
del calor en las ramas?

¿Por la escala de luz de un rayo de oro
retorna quizás su alma
al paraíso reluciente y bello,
su prístina morada?

La siesta asfixia. El son de los cañales
preludia a la tagala
esa canción de miel que ha desprendido
la ilusión del pentágrama.

Los insectos rebullen en las hojas
sobre el tapiz de grama,
y se duermen rendidos a los hálitos
de un ambiente de lavas.

El sopor se difunde, derramado
por estivales auras,
y en el lejano término simulan
dorarse las montañas.

Hay vida y poesía en esas horas
en que el calor abrasa;
pero la virgen tiene en el espacio
inmóvil la mirada.

Hija gentil de una región de fuego,
acaso vuela su alma

por el país de rosas del idilio
cuyo perfume embriaga.

Tal vez sueña en las dulces sampaguitas
cogidas de las ramas,
para ser el collar lleno de aromas
en la linda garganta.

La alegre sonatina de los besos
que da el viento a las palmas,
tal vez rima a sus oídos el «Kundiman»
trovado en noche plácida.

Mas ¡quién sabe...! Deshácese la tromba
en aquellas montañas
y alguien atrae allí el corazón virgen
de la virgen tagala.

En el álbum rosado de la vida
también hay negras páginas,
donde se ocultan los ensueños místicos
bajo un velo de lágrimas.

Y mientras sueña en cuerpos que se caen,
se hieren, se desgarran,
en un campo sembrado de cadáveres
y de sangrientas charcas,

vibra la llama estuosa de la siesta,
pasa la brisa cálida,
y murmura en sus notas el prefacio
de algún idilio convertido en drama.

1900

RIZAL EN CAPILLA

En la pequeña estancia, la luz pálida
alumbra al reo; fuera,
la dormida ciudad con su pesado
silencio de necrópolis desierta...
Quedan horas no más... Ya es el instante
en que todo refluye a la conciencia;
en que, a través de todos los recuerdos,
y todos los amores y quimeras,
el alma quiere mucho más la vida,
porque la muerte más y más se acerca...
¡Hora sombría en que sudó con sangre
el mismo Cristo en la sagrada huerta...!

Quedan horas no más para el martirio.
El alma que ya acecha,
es el alma que quiere nubes rojas,
pero rojas con sangre de las venas.
Cada minuto ya la va acercando,
fatal inevitable... El reo espera,
vibrante el corazón, opresa el alma,
pero tranquilo el rostro y la conciencia.
Allí quedan «sus padres; sus hermanos,
en el perdido hogar»; más allá deja
«a la dulce extranjera, su alegría»,
y sobre todo amor, su «amada» tierra.

¡Oh, la tierra de todos sus encantos,
la idolatrada tierra,
«dolor de sus dolores» de patriota
y sueños de sus sueños de poeta!
Rápidos, en tropel, solo a su nombre,
como nubes compactas de tormenta,

luchas, melancolías, desalientos,
acuden, se abalanzan, se atropellan
y llenan el espíritu del reo,
resanando ecos de perdidas épocas
con la dulce quimera de una patria
que resurge triunfante de la ciénaga.

Era la patria que llenó su vida.
Como santa promesa,
allá, en la proscripción, brilló animando
su corazón de bronce a la pelea.
Lo recordaba: desolado, loco,
la vio llorar, se estremeció a sus quejas,
y sintióse morir con sus angustias,
y sintióse ahogarse con sus penas...
Nadie estaba en redor; ¡nadie...! tan solo
unas sombras muy lúgubres, muy densas,
unas sombras que todo lo envolvían,
porque la podre horrible no se viera.

Y fue entonces. Cual vívido relámpago
horadó las tinieblas
el rayo de su noble pensamiento,
despertando a las masas. Tronó recia
su voz de apóstol, y el enjambre mudo
de ilotas escuchó: —«¡La patria es esta!».
¡Solo entonces cayeron de rodillas!
¡Solo entonces supieron conocerla...!
Corrió en la multitud hervor de fuego,
eléctrica explosión de vida nueva,
un ansia de elevar aquella patria
al bello Sinaí de las grandezas.

Y estalló fragorosa la borrasca...

Hoy, desde aquella celda,
parece percibir rumor de lucha
encarnizada, pertinaz, violenta.
¡Son los cruzados de Simoun que acuden
y se lanzan pujantes a la arena,
son los nobles ilusos que pretenden
ascender hasta el triunfo de su idea
con el vuelo del águila gloriosa,
sin otras alas que su fe sin mengua...!
¡No caerán como Ícaro! —está escrito—:
¡Los que van con la patria siempre llegan!

Él llegaba también. La noche huía,
y con palidez tétrica
la luz temblaba sus fulgores últimos
envueltos en la agónica tristeza.
Oye el reo anhelante... ¡Ya es el alba!
¡Son los soldados que a llevarle llegan!
¡Es la hora tenebrosa de la muerte...!
¡La muerte misma que fatal se acerca!
Todo se pierde en el horrible caos
del cerebro estallante, y solo encuentra
—¡luz única!— la patria por quién muere,
triunfadora, sublime, resurrexa.

Pedro A. Paterno

Aunque flojo poeta, es uno de los precursores entre los filipinos. Nació en Manila, de familia acomodada, el 27 de febrero de 1858. En el Ateneo de la Compañía se graduó de bachiller el 71. Vino a España luego, haciendo aquí larga estada y doctorándose en Derecho y Cánones en la Universidad salmantina. Convivió en Madrid con políticos influyentes, literatos y todo linaje de artistas. Tuvo una mesa hospitalaria. En el Ateneo, leyó el crítico y académico Cañete versos de Paterno. Escribió novelas y sobre historia y folklore filipinos. Contribuyó a organizar la Exposición filipina de Madrid (1888). Intervino en la paz de Biacnabató. Murió, gran cruz de Isabel la Católica, en 1911.

SAMPAGUITAS

A los mortales ofrece
el sacrosanto madero
nueva escala de Jacob
para remontarse al cielo:
«con su frente abre la gloria
con su pie cierra el infierno,
y sus brazos amorosos
abrazan al mundo entero».
....
Al rebramar la tormenta,
por la playa me paseo,
y en ver las agitaciones
del vasto mar, me embeleso.
En su inmensidad descubro,
de mi amor el viejo espejo.
¡Cuántas olas luchan fuera!
¡Cuántas perlas duermen dentro!
....
Subiendo una alta montaña
vi a la Fama encantadora.
—Para ser grande —le dije—
¿qué debo hacer, bella diosa?
—No sigas ningún ejemplo,
si quieres hallar la gloria:
sé Platón o sé Alejandro,
que hallaron sendas ignotas.
No en copia servil te arrojes
por la senda que otro explora:
con la pluma de tus hechos
escribe una nueva historia.

Madrid, 1880

LA CRUZ

I
    Nació Alejandro; su potente lanza,
    al ronco grito de incesante guerra,
    cubrió de luto y ruinas y matanza
    cuanto entre el «Ister» y entre el «Sindh» se encierra.
    Murió Alejandro; y a su gran pujanza
    estrecha fosa concedió la tierra,
    y él y su lanza y su poder temido
    se hundieron en la sima del olvido.

II
    Cruzaron el espacio en raudo vuelo
    las águilas que Roma ostentó un día;
    cuanto cobija el anchuroso cielo
    sintió de su poder la tiranía.
    Hundióse Roma; retembló su suelo;
    se escuchó el estertor de su agonía,
    y esparcieron sus restos funerales
    del Septentrión los recios vendavales.

III
    ¿Qué se hicieron los ínclitos varones
    que legaron sus nombres a la historia?
    ¿Dónde encontrar los regios panteones
    que guardan sus cenizas y memoria?
    ¿Dónde está, con harapos y jirones,
    cual leve resto de su antigua gloria,
    la clámide a sus hombros suspendida,
    más en sangre que en púrpura teñida?

IV
    Todo despareció; tan solo un trono,
    de cien edades sobre el polvo inerte
    resiste inmoble al infernal encono,
    y a los rudos embates de la suerte.
    Crece su gloria al par que su abandono,

        más es que el mundo y que sus furias fuerte,
        a sus pies veinte siglos han pasado,
        y sigue el rey, y sigue su reinado.

V   ¿Sabéis dónde se vio por vez primera?
        Del sacrosanto Gólgota en la cumbre
        ¿Queréis saber las leyes con que impera?
        son de amor, de humildad, de mansedumbre
        Por él doce hombres alzan la bandera,
        retando a la enemiga muchedumbre.
        ¿Sabéis que quieren en su ardor profundo?
        cambiar la faz del universo mundo.

VI   Ellos son. Allá van, sin más arreos
        que el calzado y bordón del peregrino;
        ellos son, allá van, arde en deseos
        su pecho, hoguera del amor divino;
        ellos, los pescadores galileos,
        allá van, cada cual por su camino;
        hombres son de entre el pueblo despreciado
        y apóstoles de un Dios crucificado.

VII   Ante su vista, en el espacio inmenso
        que descubre su ardiente fantasía,
        ven, entre nubes de aromado incienso,
        los dioses que abortó la idolatría;
        de esclavos viles el rebaño denso
        sujetos a nefanda tiranía,
        y entre bosques de picas apiñados,
        los monarcas del mundo y potentados.

VIII   Y cien cadalsos ven en el vacío
        levantando sus moles altaneras,
        y ven el hacha y el ecúleo impío,

y los potros, los hierros, las hogueras,
y escuchan de los circos el gentío,
mezclando su rugir al de las fieras;
más al ver los aprestos del combate
su noble corazón con fuego late.

IX

Aunque siembren de espinas su camino
y a palmos se disputen el terreno,
cumplirán como bravos su destino,
predicando la ley del Nazareno.
¿Quién se opondrá al espíritu divino
de que su corazón se siente lleno?
Y a la Cruz santa que en sus diestras brilla
¿quién habrá que no doble la rodilla?

X

¡La Cruz! Esa es la luz que los encanta
por los tristes desiertos de la tierra.
¡La Cruz! Esa es el alma sacrosanta;
que les hace invencibles en la guerra.
Cuando, erguida en sus manos, se levanta,
los más alzados ídolos aterra.
Ídolos fuertes que a los ciegos doman
tiemblan ante la cruz y se desploman.

XI

Con ella cada paso es un prodigio;
tras cada lucha un triunfo; a cada hora
cede el de Tracia al celestial prestigio,
y el de Etiopía con pasión la adora,
y el ateniense sabio, el muelle frigio,
el que de Libia en los desiertos mora,
el que se apoya en pérsicos divanes,
y el que enfrena soberbios alazanes.

XII

Y llevan sus influjos salvadores

a los centros del lujo y monopolio
a las chozas de humildes labradores,
de los romanos Césares al solio;
y hacen brillar sus célicos fulgores
sobre el negro frontón del Capitolio,
enclavando la Cruz con heroísmo
en medio el corazón del paganismo.

XIII Y triunfarán de los verdugos fieros
de cien persecuciones al estrago,
de las garras de tigres carniceros,
de falaces serpientes al halago;
y aunque derramen, embotando aceros,
para ahogar la verdad, de sangre un lago,
que si la Cruz al lago es arrojada,
sobre el lago de sangre sobrenada.

XIV Y vencieron. Y el Lábaro divino,
presagio de una gloria verdadera,
hizo triunfar, al par que a Constantino
la causa santa del que en él muriera.
Y tuvo desde allí mejor destino
el que un suplicio vil tan solo fuera,
brillando con fulgores celestiales
en las mismas coronas imperiales.

XV Árbol de vida, místico Madero
donde reina el Señor de los señores,
al pie de cuyas ramas el viajero
mitiga del camino los ardores;
lecho de las esposas del Cordero,
centro de sus purísimos amores:
¡Oh dulce Cruz donde Jesús espira!
¿Quién no te adora, si una vez te mira?

XVI ¿Quién se arrojó a tus pies, que no sintiera
la pasión sosegarse que le agita?
¿Quién no halló en ti la calma verdadera
que anhela el pecho que de amor palpita?
¿Quién no querrá abrazarte, oh Cruz bendita?
¿Quién morirá, si en tu virtud espera,
hacecillo de mirra regalado,
que nos dejó en recuerdo nuestro amado?

XVII ¡Feliz el alma que la Cruz adora,
siguiendo, amante, de Jesús la huella!
¡Feliz el que la mira cuando llora!
¡Aparece, entre lágrimas, tan bella!
¡Feliz quién llega a su postrera hora
de pies y manos enclavado en ella,
y espira donde Dios espirar quiso,
y pasa de la Cruz al Paraíso...!

Vicente Peláez

El nombre de este bisayo poeta y un fragmento de composición, nos salen al encuentro en el folleto de W. E. Retana, *De la evolución de la Literatura Castellana en Filipinas. Los Poetas.* Se copia el fragmento, reminiscencia de Bécquer, como una muestra más de poesía española pulsada en lira tagala.

HUÉRFANA

Fragmento

Un triste silencio
reinaba en la estancia.
Un viejo ministro, abierto al breviario,
al pie de la cama
murmuraba quedo
una honda plegaria.

Tendida en el lecho la pálida enferma,
sintiendo cercana
la hora de la muerte,
con voz apagada
a todos sus hijos
a todos llamaba.

Tortura el silencio de la triste alcoba,
angustia la calma
de aquel cuadro negro.
En la iglesia próxima, al dar de las ánimas
el último toque,
la madre espiraba,
entre los sollozos
de mi novia amada.

Con un negro sayo cubrieron su cuerpo
después con un velo cubrieron su cara:
de amigos y deudos
se llenó la estancia,
y velaron todos a la pobre muerta.
¡Huérfana de mi alma!
—pensé en un momento de duda y de duelo—
¿qué mano piadosa secará tus lágrimas?

Lorenzo Pérez Tuells
Hijo de españoles; su padre comandante de nuestro Ejército. Dirige en Manila el hebdomadario ilustrado *Excelsior*.

ÍNTIMA

A Isidro Marfori

No importa que la vida traidoramente hiera
nuestras huérfanas almas con su terso puñal
mientras haya en el mundo rosas de primavera
y brille en los espacios el Sol de un ideal.

Si hay bárbaros de bronce que ignoran la preciosa
tarea del poeta que parte su alma en dos,
dejadlos que devoren la paja de su prosa:
no se hicieron para ellos los reinados de Dios.

Yo seguiré regando mis dulces pasionarias,
a tiempo que musite las místicas plegarias
que son como incensarios de mi azul religión;

y en las horas de tedio que una a una desfibro
reposaré en las hojas de tu mágico libro
donde pone un latido vital tu corazón.

1917

EN LA HUELLA LUNAR...

En la huella lunar de sus encajes
puso, al pasar su sombra bizantina,
un perfume de rosa alejandrina
el éxtasis azul de los celajes.

Languidecer de sedas y plumajes,
en un vuelo de ciega golondrina,
fue su marcha, de muerta y peregrina,
hacia un sueño de místicos paisajes.

Envanecidos sus gloriosos velos,
cayó la noche tras su blanca sombra,
con un dolor de exhaustos terciopelos;

Y desde entonces —inconsciente y mudo—
busca mi labio en la enlutada alfombra
el tibio rastro de su pie desnudo...

Octubre, 1921

SALMOS

LAS ÁGUILAS BLANCAS

I
¡Son las águilas blancas! Son las águilas blancas y fuertes,
cuyo vuelo se expande bajo el palio divino del cielo,
y en el largo vibrar de sus alas rampantes
se adivinan las notas que componen los himnos de gloria.

Un deshoje de soles heraldiza la aurora que llega
para hacer que germinen las semillas dispersas en un polvo
        de siglos,
las semillas dispersas con la sangre y la carne de los
        Conquistadores
que sirvieron de abono a la idea suprema de fundir conti-
        nentes.

Son las águilas blancas que decoran sus picos con el ramo de
        oliva,
las libérrimas águilas que con un aletazo desafían al trueno,
pero que al presentir el deshielo constante de las nieves del
        Norte,
abandonan los Andes por el nido que España les conserva
        caliente
en la cumbre soberbia del natal Pirineo.

II
Ha caído Cartago. Ha caído la Roma de los cónsules, Grecia
se anquilosa en la vida de sus piedras heladas.
Toda gloria mundana se sepulta en la sima del Espacio infi-
        nito
por la acción corrosiva de las Horas en pos de las Horas.
¡Pese al Tiempo que roe y a la Envidia que seca,
y a los odios terrenos que al olvido condenan fraternales
        abrazos,
en el noble plumón de las águilas blancas

        hay el sello latino de una estirpe por algo elegida,
que ni es Roma ni es Grecia; ni es Cartago ni es Nínive,
es Iberia... y es Dios!

III   Es el tiempo propicio de segar las espigas doradas
que en ya próximos días, formarán las hogazas del mortal
        sacrificio.
En la áurea patena, y formado con trigos de América,
yazga el pan de la Misa sobre el cáliz teñido con la sangre
        de España.

Pueblos fuertes, robustos, hincarán las rodillas en tierra,
ante el hondo milagro del amor que las almas aúna
en la elíptica curva de la breve existencia.
Es el tiempo oportuno de coger y exprimir los racimos
cosechados en medio del fragor de sociales contiendas,
en el dulce sosiego de la huerta nativa,
al amparo solícito de la madre Esperanza.

Esto anuncian las águilas con su ramo de paz en el pico
y la Muerte —su presa— en las garras.

IV   Nítidas cláusulas épicas: fúlgidas ondas triunfales,
todo un himno glorioso van trazando las águilas,
a golpes de huracán, al cruzar los espacios suspensos
en un éxtasis único. ¡Viejas trompas se limpian de su
        herrumbre
        de siglos,
viejas arcas se abren, donde el tiempo juntara en revueltas
        marañas,
con provectos armiños las guedejas doradas de infantiles
        cabezas;
los aceros de guerra, en el ignoto crisol del Amor, hoy se
        funden

        para hacer los arados que abrirán las entrañas de la fértil lla-
                nura,
        y al llover el sudor de las frentes hermanas,
        granarán las espigas de los trigos del Mundo
        que serán los de Hispania...!

V   ¡Salve fraternas repúblicas! ¡Pueblos de América, Salve!
        porque cerca está el tiempo en que el Sol no se ponga
                en los vastos dominios
        que a través de milenios aún perciben la voz del gentil
                Romancero
        y muelen su grano de ensueños e ideas en los rudos Molinos
                de Cervantes.
        Porque cerca está el día de borrar horizontes, la Distancia
                y el Tiempo,
        y el espíritu libre de opresores cadenas y ergástulas,
        ya podrá remontarse en idéntico azul bajo todos los cielos,
        que serán uno solo para todo el Imperio y los mares,
        y los pechos unidos en un grito que escuchen las edades
                remotas
        harán a don Quijote, Emperador...

VI   ¡Y tu, la hija menor, oh, Filipinas!
        ¡Vive alerta en el seno de tu actual nodriza,
        fórmate exuberante, potente y democrática,
        y si algún día libre te ves de la tutela,
        y falta luz a España para alumbrar sus mundos,
        puedes brindarle, entonces, el Sol de tu bandera...!

        1921

NEURÓTICA

    Una nostalgia azul de primaveras
    teje en el cielo su ilusión de encaje,
    y languidece el alma del paisaje
    asomada al balcón de sus ojeras.

    Los bandos de palomas mensajeras
    esponjan blandamente su plumaje
    en la tarde, que pliega el varillaje
    de un fúlgido abanico de quimeras.

    Su rostro se retrata en los cristales
    del lago, donde un cisne hecho de espuma
    el cuello enarca ante los pavos reales;

    y ella, que sabe del amor de Leda,
    mientras alisa la nevada pluma,
    hunde los dientes en su chal de seda...

    Marzo, 1922

EN HORA DE ILUSIONES

Sueña la luz crepuscular del cielo
en la difusa paz de sus salones,
y es su mano en los rojos almohadones
una magnolia astral de terciopelo.

Leve se agita en el temblor de un vuelo
la rosa que agoniza en los jarrones.
Es la hora santa de las ilusiones,
que llega y pasa sin rozar el suelo...

En un ambiente a nardos evangélicos
deshojan los llorosos surtidores
su inspiración de bardos arcangélicos,

bajo la Luna que nostalgias llueve,
bordando en sus azules bastidores
el arabesco de su nombre en nieve...

Marzo, 1922

RECUERDO ARQUEOLÓGICO

En la paz de los viejos parques ducales,
junto al lago que irradia verdes reflejos,
el alma pensativa de los rosales
flota en un azulado temblor de espejos.

El gemido del agua se pierde en una
vaguedad por la senda de las acacias;
y las ruinas adquieren, bajo la Luna,
esplendor de remotas aristocracias.

Estas grises estatuas han visto acaso
la pareja, de rosas engalanada,
esfumarse en tupidos fondos de raso;

y lucir como un dardo de amor y celo,
en la noche de estrellas, embalsamada,
el puñal veneciano de algún Otelo...

Abril, 1922

MEDIEVAL

    Atruenan el patio ligeros corceles,
    sus locas fanfarrias la trompa sonora
    une al argentino ladrar de lebreles
    en la cristalina quietud de la aurora.

    Los hierros del puente desatan sus nudos,
    invade los bosques alegres el coro:
    ellos, como heraldos de nobles escudos,
    ellas, como un vuelo de alondras de oro.

    De súbito, un grito mortal se derrama;
    se apercibe el ruido de una lucha breve...
    Todos enmudecen de espanto ante el drama

    del que Benvenuto forjara un esmalte:
    la garza, una rubia marquesa de nieve,
    ha muerto en las garras de un vil gerifalte...

    Abril, 1922

PASIONARIA

Con una lenta ondulación de raso,
después de largo y febricente asedio,
veo tu sombra deslizarse en medio
de una esfumada claridad de ocaso.

El leve aroma de tu carne acaso
sea el que impregna de tu parque el predio;
como la rosa que al morir de tedio
deja su esencia en el marfil del vaso.

El Sol que copia tu mirada ambigua,
sobre tu negra cabellera undosa,
irisa el tul de la vestal antigua.

Y entre los oros de la tarde incierta
vuela al capullo de tus labios rosa
la mariposa de mi alma muerta...

PIEDRAS PRECIOSAS

Cual átomos de raras pedrerías
los pensamientos de la luz circulan
en las templadas brisas que modulan
un desplegar de tenues sederías.

Salta en collar de rotas melodías,
que en musicales ópalos ondulan,
la risa entre sus dientes que simulan
un éxtasis de esclavas perlerías.

Un sueño de nevadas morbideces
oculta su dorada cabellera
en un flotar de vagas palideces.

¡Cuando en mi rostro sus pupilas fija,
en vez de corazón tener quisiera
el infernal rubí de su sortija...!

Claro M. Recto

Nació en Batangas, 1890. Cual la mayor parte de los vates registrados en este «Florilegio», cursó el bachillerato en el Ateneo de la Compañía, donde fomentábase el amor a las letras humanas. A los diecinueve años, guiado por Fernando María Guerrero, comenzó a publicar versos, singularmente en *El Renacimiento*. En tres meses compuso los materiales para su libro *Bajo los cocoteros*, impreso en 1911, cuando Recto frisaba con los veintiún años. Luego se hizo abogado y le favoreció un acta de representante o diputado. Bufete y política le han apartado del ejercicio del Arte. Es C. de la Real Academia Española.

EL ALMA DE LA RAZA

Mi sangre tiene un alma que es alma de titanes.
Sangre de Solimanes
corre por sus arterias, que siempre latirán.
Tiene el pecho templado al fragor de la guerra.
Bajo sus pies de atleta se estremece la tierra,
porque enciende sus nervios la flama de un volcán.

Es tricolor su enseña. Tiene el azul del Arte,
la blancura del lirio y la rojez de Marte,
por tres timbres gloriosos de su ilustre blasón.
Sonríe, si la hiere la silbante metralla.
Es su soñada gloria caer en la batalla,
teniendo por sudario su santo pabellón.

Es suave como el ritmo de las flautas bucólicas,
que ensaya dulcemente en notas melancólicas,
entre las verdes cañas, la brisa vesperal.
Fuerte, como el «tamarao»[30] de las selvas malayas,
como el caimán enorme que custodia sus playas,
cual las eternas fraguas del Apo y del Taal.

Escala cubiertas cumbres, conquista hondos abismos,
jamás sucumbe en lucha contra los despotismos
del extraño poder.
Se lanza cantando himnos a la tumba enemiga,
el ideal por gladio y por triple loriga
la gloria de su patria, el honor y el deber.

Es sílfide ligera de fantásticos vuelos,
virgen como sus selvas, azul como sus cielos,

---

30 Carabao «cimarrón», originario de la isla, de Mindoro, imposible de domesticar, y muy fiero.

ciclón en los combates y céfiro en la paz.
Tiene furias de trueno y trinos de canario.
Oveja, más no teme al león sanguinario;
paloma, más no huye del águila rapaz.

Sabe pulsar la cítara con melodioso acento,
lúgubre como un cisne, triste como un lamento
si se siente morir.
Sabe pulsar la cítara en arpegios bullentes,
como del «champagne» rubios los topacios hirvientes,
cuando su pecho embriaga la dicha del vivir.

Suspiran sus cantares las campiñas de flores,
las brisas de la sierra, los alegres rumores
del bosque tropical;
la lluvia que desciende en perlas diminutas,
los oros del crepúsculo, las sombras de las grutas
y el épico tumulto del fiero vendaval.

El alma de mi raza tiene ensueños románticos;
calma sus pesadumbres con amorosos cánticos,
en idílicas noches, bajo un claro fulgor.
Sonríe cuando mira la pensativa Luna
rielar sobre las ondas de una inquieta laguna,
fingiendo dulce calma, ahogando su dolor.

Sonríe cuando escucha, en la blanca mañana,
los acordes de un canto que un pájaro desgrana
en las frondas de un bosque virgen de humano pie.
Sonríe, aunque padece, cuando triste vislumbra
del muriente crepúsculo en la leve penumbra
los recuerdos lejanos de un imperio que fue.

Es río que serpea bajo cañaverales,

copiando en el encanto de sus claros cristales
la azul inmensidad;
pero es también océano que derrumba montañas
cuando, en el seno oscuro de sus vastas entrañas,
hieren iras volcánicas su sed de libertad.

El alma filipina es tierna en sus amores,
profunda en sus tormentos, serena en sus dolores,
ardiente en su pasión.
Si le es grata la vida y son sus sueños de oro,
hay en su boca rosa cual pífanos en coro,
de risas argentinas eterna floración.

Es ánfora de encantos, palacio de grandezas,
castillo de heroísmos, santuario de bellezas,
refugio de los besos del oloroso abril.
Con su «bolo»[31] en las lides indómita guerra
y con su dulce flauta, cual ave que gorjea,
celebra sus amores bajo un tibio pensil.
....
Hermanos en la idea: nuestra raza es divina
¡Es grande y sacrosanta el alma filipina!
Digamos, pues, un himno por su gloria inmortal.
Y tú ¡oh Fama! recorre del mundo los confines,
y al son de tus clarines
pregona las grandezas del pueblo de Rizal.

Noviembre, 1909

---

31 Machete, de ancha hoja, que acompaña al filipino, singularmente al del campo.

NOCHE DE MANILA

En el azul un triunfo de estrellas parpadea,
en el espacio en calma el ambiente aletea.
El Pásig, arrastrando sus «quiapos»[32] culebrea
y al beso de los aires sonríe y burbujea.

La luz de los voltaicos las esquinas blanquea
Un carro de basuras crujiendo traquetea.
El «yanqui» en el delirio del whisky tambalea,
mientras, pegado a un poste, un «polis» cabecea.

Mis violetas suspiran en la blanca azotea.
De vez en vez un rayo los cielos besotea.
Todavía en los «bares» el vino espumajea...

El caco en las cocinas husmea y mangonea...
....
Un gato enarca el lomo junto a una chimenea
y en las cosas de la urbe medita y fantasea...

Septiembre, 1910

---
32 Plantas acuáticas viajeras.

ORACIÓN AL DIOS APOLO

I
Padre de la Armonía, fuente de gracias líricas,
que en piafantes corceles exploras el azur:
detén el nervioso ímpetu de tus fuertes bridones
ante el himno que reza por ti la Juventud.
Te amamos, padre Apolo, por tu tirso de rosas,
por tus bellos pegasos, por tu carro de luz,
porque tienes la lira, y la flauta y el pífano,
la siringa, el salterio, el sistro y el laúd.

II
En estos días trágicos en que el bárbaro esquilmo
en esta tierra idílica alza su pabellón,
en que nos hiere el fuerte, porque nacimos débiles
y tiramos del carro del colonizador;
danos el ritmo olímpico de tu música sacra
y la dulce armonía de tu nueva canción,
y ante el dolor, estoicos, el mundo cruzaremos
del Ideal incólume volando siempre en pos.

III
Padre, más de tres largas centurias transcurrieron
y seguimos libando la hiel del padecer;
huyó el león rampante, ensangrentado el lomo,
pero vinieron águilas voraces en tropel.[33]
Y nuestro pueblo llora, porque es pesado el yugo
y protestar no puede, porque es débil su grey,
porque los ancestrales todos ya sucumbieron
sin dejarnos su aliento, sin legarnos su fe.

IV
Ya agotaron sus flechas nuestras viejas aljabas
con el león hispano en rudo batallar,
y con aquellas águilas que viéndonos inermes,

---

33 Alusiones transparentes. Son: el «león rampante», España, y las «águilas voraces», Norteamérica. A Claro Recto le ha complacido la sinécdoque. Antes, en «El alma de la raza», la emplea igualmente.

cruzaron el Pacífico en un vuelo triunfal.
Por eso te pedimos que prestes el acento
de tu lira a estos hijos de indómitos rajás,
para que, ahogando el grito de nuestras penas íntimas,
ambulemos cantando por no querer matar.

V Excelso padre Apolo: por las musas gloriosas,
por los sátiros viejos del bosque secular,
por las suaves ondinas que duermen en los lagos,
por la Luna, tu hermana, de soñolienta faz;
suelta las rojas bridas de los salvajes potros
que, en furioso galope, sus crines tenderán,
y que enciendan sus cascos, al chocar con los soles,
reverberantes rayos de paz y libertad.

VI Ayúdanos, oh padre, a conquistar la gloria,
que lograr no pudieron el plomo y el fusil;
por símbolo izaremos la bandera del Arte,
tocaremos tu flauta por bélico clarín;
y sin armar cañones de potentes calibres,
y sin teñir de sangre los campos del país,
lo que jamás lográramos en sangrientos combates
juramos alcanzarlo en artística lid.

VII Nos libertará el Arte de la opresión extraña,
saltarán las cadenas al compás del laúd,
poblará los espacios nuestro armónico himno,
nuestra enseña ultrajada flotará en el azul;
el estro del poeta abrirá las mazmorras,
la paleta y el ritmo rasgarán el capúz,
y luego tu voz única bajará del Olimpo,
y nos dirá a nosotros: «hermanos, "*Fiat* Lux"».

VIII ¿Puede decirme alguien que el Arte no redime?

Jesucristo fue artista y redimió a Israel;
y aquel inolvidable mesías filipino
era un sublime artista y un redentor también.
Con la unción de su verbo fundó aquí su reinado,
el genial superhombre, varón de Nazaret;
y Rizal con su pluma, demolió tiranías
y liberó a su pueblo del hispano poder.

IX Para alcanzar la gloria, son una misma cosa
el pincel elegante y el mohoso fusil,
la melena del vate y el casco del guerrero,
el son de los cañones y el llanto del violín.
Lo mismo premia el mundo con lauros al artista
que al valiente soldado que sucumbió en la lid;
porque si la lid siembra de mártires la historia,
el Arte la convierte en florido pensil.

X Mas, si al fin, padre Apolo, exhaustas nuestras fuerzas,
no esplende en las alturas el libertario Sol,
suelta las rojas bridas de tus salvajes potros
y que troten furiosos con épico fragor.

Que salga de su cauce el indómito Agno,[34]
donde quemó sus naves últimas Limahóng;
que estremezca el «tamarao» los llanos y las selvas
y revienten sus cráteres el Taal y el Mayón.

Octubre, 1910

---

34 Río caudaloso que cruza la provincia de Pangasinán y vierte en el golfo de Ligayén.

LAGUNA DE BOMBON

Canto un himno a tus aguas santas, madre laguna,
donde en las noches blancas, noches de amor y Luna,
juguetean las ninfas de cabellera bruna
y de abiertas pupilas, color de aceituna.

Tú encierras el prestigio de los días egregios,
cuando los ancestrales hacían sortilegios
en nuestras selvas vírgenes, de perfumes y arpegios,
leyendo unos infolios de santos florilegios.

La aurora de los trópicos, como flor cabalística,
pone en tus ondas tersas coloración artística,
mientras mancha el azul una paloma mística,
que es muy blanca, tan blanca como la hostia eucarística.

Por tus aguas bogaron en primitivas barcas,
con sus lanzas y bolos los tagalos monarcas,
a lidiar con el hombre de las pupilas zarcas
que invadió hace tres siglos las malayas comarcas.

¡Oh laguna que encarnas las grandezas de Lipa,
—pueblo de ardientes niñas y buen vino de nipa—[35]
cuando cruzo tus aguas mi dolor se disipa
y hasta siento que el pueblo de Rizal se emancipa!

Moran en tus entrañas la ira de cien volcanes,
moluscos, peces raros, gigantescos caimanes,
y acaso el polvo inerte de bravos Solimanes
que en desiguales luchas cayeron cual titanes.

Cuando lanzó el Taal la furia de sus fraguas

---

35 Palma de que se extrae un aguardiente fuerte.

brotaron de sus cráteres tus impetuosas aguas,
y sobre sus burbujas —tenues borlas de enaguas—
se arrastraron las casas cual débiles piraguas.

Tus hermosas cascadas, al caer espumantes,
engarzan en el aire millones de diamantes,
y en las noches parecen sus rugidos vibrantes
monótonos quejidos de fantasmas errantes.

¡Madre, madre laguna! Tu nombre es una gloria,
una página de oro en la malaya historia,
un destello lumínico que ilustra la memoria,
un poema de amor, un himno de victoria.

Octubre, 1910

ELOGIO DEL CASTELLANO
Premio de poesía en certamen abierto por el casino español
de Manila, enero 1917, al inaugurar la «Casa de España»

«¿Ya no hay nobles hidalgos
ni bravos caballeros?
¿Callaremos ahora
para llorar después?»
Rubén Darío, «Los Cisnes»

Arca santa inviolable de la Raza,
Arca santa de próceres bellezas,
que a tu prestigio espiritual vinculas
la gloria de las magnas epopeyas;
Arca egregia y divina,
que en las ingentes luchas ya pretéritas
sobreviviste al colonial desastre,
cual sobrevive el alma a la materia;
Arca ebúrnea, copón de maravillas,
donde se guarda secular herencia;
Arca de lo inmortal que veneramos
en la vetusta casa solariega;
Arca de oro que ofrece el Libro Santo
y el perfumado pan de la Belleza,
por quién juramos proscribir la casta
de osados malandrines que te afrentan;
la musa tropical, la musa autóctona,
de tus clásicos lauros heredera,
torna a pulsar el clavicordio hispano,
clavicordio romántico que sueña,
clavicordio que sufre como un alma,
clavicordio polífono que encierra
en sus notas lo grande, clavicordio
donde llora sus cuitas Filomela,

donde estallan los gritos del combate,
donde retumba la canción de gesta...

Y canta en tu loor, oh lengua hispana,
del pensamiento alada mensajera,
que fulguras, cual límpida custodia
de la eterna Verdad, en las conciencias,
como el Sol en las cúspides altivas
donde la tromba y el ciclón fermentan,
como el anhelo indígena que fulge
en el blasón astral de mi bandera.

Oh lengua sacrosanta
de fray Luis y Miguel, Lope de Vega,
del arcipreste, Calderón y Góngora,
los Argensola, Hurtado y Espronceda;
la lengua que enfloró de madrigales
las prístinas edades romancescas,
toda hecha de vorágines y truenos,
toda hecha de suspiros y cadencias,
coro inmenso de tímpanos, concierto
de las panidas flautas en la sierra,
sinfonía fantástica que irrumpe
del arpa gigantesca de las selvas.

Es tu ritmo la ronda bulliciosa
de crótalos y locas panderetas,
de guitarras que dicen el elogio
de unos ojos reidores que asaetan;
es la risa que en notas se desata
cual cristalino desgranar de perlas,
el madrigal sonoro que deslíe
sus estrofas de amor en las verbenas,
y el chocar de las copas musicales

donde hierve la sangre de las cepas.

Es tu acento el susurro que adormece
del aura al retozar en la floresta,
y el blando caramillo que solloza,
bajo el beso lunar en primavera.
Te remeda el gorjeo de la alondra,
la imperativa voz de las trompetas,
el quejido que emerge de la cuna
y el doliente «Kundiman» de mi tierra,
el raudo vendaval que avanza indómito
por cima de las altas cordilleras,
y brama en los barrancos y hondonadas
y en las rocas que hendieron las centellas.

Y tuviste en la lira de Quintana
ecos triunfales, resonancias bélicas
de estoques y corazas y armaduras
que son el timbre perennal de Iberia;
en los versos broncíneos de Chocano,
fragor de sordas cataratas épicas,
algazara de pompas coloniales,
rumor de besos y temblor de quenas.
De Solís en la prosa cincelada,
ímpetus de corcel, dianas homéricas,
estrépito de lanzas y tizonas,
de broqueles y cascos y rodelas.
En fray Luis de León fuiste cigarra
que endulzaba el reposo de la siesta,
y tonada de amor de la tierruca
en los cuadros agrestes de Pereda;
caballero gentil de la Armonía
en el rugiente «Niágara» de Heredia,
batir de alas de ingrávidos querubes

en las trovas ardientes de Teresa.
Y en el arpa divina de Darío,
ruido de encajes y «frufús» de seda,
música de cinceles sobre el mármol
y murmurio de risas y de gemas,
canción de cisnes sobre el quieto estanque
al paso de las «púberes canéforas»,
arpegio de violines cortesanos
y vibración de cítaras helenas.
Y cerraste la elipse de tu gloria,
con un estruendo de imperial proeza;
en las perennes páginas altísimas
del libro de Cervantes Saavedra.

No en vano fueron por ignotos mares
de Hispania las veloces carabelas,
en comunión ferviente con la Audacia
y los altos designios de la Idea;
no en vano los Cortés y los Balboa
desafiaron el hambre y las tormentas,
y sus bridones épicos midieron
las pampas infinitas de la América;
no en vano sobre el pico de los Andes,
dueña del mundo, flameó tu enseña,
tan amplia que cubrió dos continentes,
tan gloriosa, tan noble y tan excelsa;
no en vano, por tres siglos, tus ejércitos
han levantado en mi solar sus tiendas,
y vieron el prodigio de mis lagos
y de mis bellas noches el poema;
no en vano en nuestras almas imprimistes
de tus virtudes la radiosa estela,
y gallardos enjoyan tus rosales
plenos de aroma las nativas sendas:

tu imperio espiritual vive y perdura,
y extiende su simbólica cadena
del Pirene a los Andes y al Carballo,
y en un abrazo inmenso los estrecha.
Por los mares Atlántico y Pacífico
tus fuertes galeones aún navegan,
y van en ellos, bajo un Sol de gloria,
almas grandes que luchan y que anhelan,
andantes caballeros del Ensueño,
guardianes de la fe de Dulcinea,
locos sublimes que descubren mundos
y mueren por su reina la Quimera.
Aún nos ofrecen tus antiguos códices
la fórmula inmortal de la Belleza,
y tus filtros y alquimias prodigiosos
del humano dolor la panacea.
No morirás jamás en este suelo
que ilumina tu luz. Quien lo pretenda
ignora que el castillo de mi raza
es de bloques que dieron tus canteras.

ENVÍO

Casa de España, Olimpo de las Artes,
Templo del Porvenir, ¡bendita seas!
Las musas danzarán sobre tu césped
y gustarán la miel de tus colmenas.
Sé el manantial donde las almas nobles
el agua pura del Ensueño beban,
la torre de marfil donde se guarde
el tesoro ideal de nuestra lengua.
Hispanos: si algún día la escarnecen,
nuestras aljabas vaciarán sus flechas,
y nos verán, triunfantes o vencidos,
al pie de esta sagrada ciudadela.

ROSAS DE CARNE

¡Oh rosas de lascivia!
Yo sé que os extenuáis de emociones supremas
cuando en vuestras corolas deposita sus gemas
el bienhechor rocío, entre la noche tibia.
Fuisteis como diademas
en las frentes de Lais, de Salomé, de Aspasia,
de las «cocottes» de Europa y bayaderas de Asia
y de las Margaritas que enfloraron América.

Vuestro perfume intenso de prostituta histérica,
que incita al sacrilegio,
lo anhela todo el mundo, desde el burgués intonso
hasta el artista egregio,
y desde el venerable que reza su responso
y ornamenta sus dedos con aguas de amatista
hasta el viejo eremita que entiende el sortilegio,
conversa con los astros y es brujo y alquimista.

Los secretos de alcoba
los que sabéis vosotras: el espasmo que arroba,
el deseo que mata, los contactos sutiles,
las caricias de seda
y el estremecimiento de las carnes febriles.
Habéis mirado al cisne, prodigador de halagos,
ensangrentar su pico en los muslos de Leda
sobre la mansedumbre de los dormidos lagos.

Los ojos de Astartea
os contemplaron mucho. Frinés y Mesalinas
perfumaron el agua que besaba sus senos
con el aroma vuestro. Médicis y Popea,
y otras hembras felinas,

os dieron el hechizo de sus labios obscenos.

No ignoráis lo que ocurre
en las silentes noches: el cuerpo que se escurre
entre las suavidades de los ropajes blancos,
las manos que se pierden por los turgentes flancos,
el beso que provoca,
los labios que se buscan y los lenguajes francos
que van de boca a boca.

Y sabéis, por fin, rosas,
que el talismán eterno
de las damas hermosas
de anémicos suicidas ha llenado el infierno...

1911

LAS DALAGAS FILIPINAS

Dalagas del terruño: el poeta os saluda
coronado de flores, de ensueño y de arrebol
y por los dioses lares y por el mismo Buda
os ofrenda estas rosas, novias todas del Sol.

Por las manos que tienen mansedumbre de tules,
por las sampagas níveas del malayo vergel,
por las místicas garzas de los lagos azules
coloco en vuestras frentes esta hoja de laurel.

Adoro vuestros labios, donde el Sol de mi tierra
ha dejado sus besos de sátiro oriental,
porque son el santuario de bellezas que encierra
el glorioso prestigio del solar de Rizal.

Ojos negros, refugio de hechizos y embelesos,
dolientes, langorosos, plenos de soñación
como noches sin Luna; pero con rojos besos
que vierten en el alma perfumes de ilusión.

Manos sutiles como suavidades de lago,
de seda que se aleja en rítmico «frufú»,
como el hogar quimérico de un ensueño muy vago
sobre las aguas mansas del piélago de azur.

Frente color de aurora, donde bellas florecen,
con aromas de cielo, flores de castidad;
mejillas sonrosadas que en su gracia parecen
vírgenes de los lienzos de la pasada edad.

Cabellera flotante, cual selva enmarañada,
que exhala dulcemente aromas de querer;

ensoñación, delirio del alma, enamorada
de las carnes y besos de la amada mujer.

Pies finos, diminutos, de rosáceos talones
y senos que se exaltan con ferviente ansiedad;
ánforas virginales con vino de ilusiones
que emborracha las almas de voluptuosidad.

Tallo gentil y esbelto, como enhiesta palmera
donde alegres laboran las abejas su miel,
con suave ritmo que los nervios exaspera,
como si fuese espíritu de un viejo moscatel.

Todo un conjunto armónico y grato que envidiara
la ardiente castellana y la impasible «miss»,
la princesa que el cielo de Rusia cobijara
y la dama que siente la fiebre de París.

Quién dice no ser bella la mujer filipina
que visite esta tierra de Burgos[36] y Rizal;
y verá que es más mística, más dulce y más divina
la hija de los rajás, la niña tropical.

1911

---

36 Manuel Burgos, clérigo filipino, promotor de un movimiento revolucionario en 1872 y fusilado en Cairte.

LUZ DE LUNA

Sonrióme la amada,
la esquiva, la imposesa, la que vio nuestro idilio
bajo el frescor amable
de un emparrado lírico;
la que encantó mi celda cuando escribí el elogio
de tus labios divinos
en unos versos tristes que sabían a lágrimas;
la que besó tu frente en el blanco camino
de la silente aldea, cuando ibas a jurarme
la eternidad sublime de tu santo cariño.
Sonrióme la amada,
y floreció en el alma la ilusión que se ha ido,
y tuve sueños plácidos de corderos que triscan
camino del aprisco,
de soles que agonizan tras montañas azules,
de cristalinos ríos
que arrastran hojas secas
sobre sus ondas suaves como bucles de niño.
Fue en una noche blanca en que las susurrantes
melodías del viento eran largos suspiros;
fue una noche en que mi alma, recostada en tu seno,
admiraba tus formas con mágico delirio;
fue en una hora romántica en que el cielo del trópico
era un arpa encantada, cuyos lejanos cirios
alumbraban unánimes
tu efigie soberana de mayestático ídolo.

Yo pregunté a la Luna por los labios febriles
de aquella dulce impúber, santuario del cariño,
por sus mágicos ojos, que cuando me miraban
eran caricias y mimos;
por su boca melosa que en mis largas veladas

se posaba en mi frente a calmar mi martirio.

Me contestó la esquiva amada de los vates
que tú vives muy lejos, que fue tu amor un mito,
que en tu corazón tierno
ha muerto aquel cariño
que hizo feliz un día a tu caro poeta
y dio a sus locos versos un eternal prestigio.

1915

LA CHOZA DE NIPA

Venid a mi alcázar, la frágil cabaña
que se esconde tímida bajo un platanar.
Entrad con cuidado: es de nipa y de caña
y puede romperla un brusco ademán.

Soy el cenobita de estas soledades;
me hacen compañía las aves, el Sol,
la brisa campestre llena de bondades
y el recuerdo de una difunta ilusión.

Al caer la tarde, por este camino
a quien fresca sombra los árboles dan,
pasa con sus dichas el buen campesino
montado en el lomo de su carabao.[37]

Su canción monótona, dulce, evocadora,
flota en el crepúsculo bañado de azul,
parece que ríe, parece que llora,
como una quimera de la juventud.

A veces la noche, como novia loca,
me sorprende triste en el tosco umbral,
pensando en aquella muy amada boca
que me brindó un día venturanza y paz.

Cuando es plenilunio, entro en el boscaje,
de ensueños poblada la imaginación,
y bajo la sombra del tibio follaje
me siento muy niño, más cerca de Dios.

Es la confidente de mis hondas cuitas

---
37 Rumiante, corpulento y vigoroso, utilizado como bestia de tiro.

la Luna que argenta mi amado jardín,
y me habla de aquellas prestigiosas citas
que tuve con ella en un mes de abril.

Los recios flabelos de los cocoteros
meciendo mi sueño, cantan sin cesar.
Los «nunus» del bosque me dicen sinceros
que soy muy dichoso en mi soledad.

Huyo del tumulto de la vida urbana,
la fiebre del oro, la fraterna lid;
la ciudad es fosa de la gleba humana,
de los hombres-fieras madriguera vil.

Entrad en mi humilde y frágil cabaña
que se esconde tímida bajo un platanar.
Mi choza de nipa, mi choza de caña
os dará un tesoro: el alma natal.

1915

José Rizal y Alonso

Nació en Calamba (provincia de la Laguna), el 19 de junio de 1861, hijo de Francisco Rizal y Mercado y de Alejandra Alonso y Quintos, labradores acomodados. En el Ateneo de los jesuitas se graduó de bachiller, algo después de estrenar en el teatrito del colegio su melodrama Junto al Pásig. Frisaba entonces con los catorce años. Viniendo a España en 1882, a los dos años ganó los títulos de Doctor en Medicina y Licenciado en Filosofía y Letras, y se trasladó a Francia, Alemania y Austria para ampliar en aquellas clínicas sus estudios. Morando en Gante (Bélgica), publicó (año de 1887) su novela *Noli me Tangere*. Tornó a su país en 1888; pero, hostigado por autoridades y frailes, se retiró al Japón y más tarde a Inglaterra y España. En esta etapa publicó *El Filibusterismo*, segunda parte de *Noli me Tangere*. De nuevo en Filipinas hacia 1892, como peligroso a la soberanía, el capitán general Despujols le deportó a la isla de Dapitan. En 1896, al estallar el movimiento emancipador, Rizal fue desterrado a España; pero, sin consentirle desembarcar en Barcelona, el mismo buque le reintegró a la capital del Archipiélago. Gobernaba las islas el general Polavieja. Bajo tales auspicios se formó a Rizal un consejo de Guerra que decretó su fusilamiento, realizándose éste en la mañana del 30 de diciembre de 1896.

Fue José Rizal el tagalo con más amplia cultura entre sus contemporáneos. Estudiosísimo, austero, con generoso espíritu de sacrificio, de concentradas energías, ofreció el tipo del revolucionario clásico. Brilló como oftalmólogo. Le embargó el Arte, siendo poeta, músico, pintor y dibujante. Poseyó, además de varios dialectos vernáculos, el castellano, latín, francés, italiano, inglés, holandés, alemán, japonés y ruso. Tradujo del griego, árabe, hebreo y sánscrito.

MI PRIMERA INSPIRACIÓN

He aquí la composición primeriza. Según Soledad Rizal, la escribió su hermano a los nueve años

¿Porque exhalan a porfía
del cáliz dulces olores
las embalsamadas flores
en este festivo día?

¿Y porqué, en la selva amena,
se oye dulce melodía,
que asemeja la armonía
en la arpada filomena?

¿Porqué en la mullida grama
las aves, al son del viento,
exhalan meloso acento
y saltan de rama en rama,

y la fuente cristalina,
formando dulce murmullo,
del céfiro al suave arrullo
entre las flores camina?

Es que hoy celebran tu día
¡oh, mi madre cariñosa!
con su perfume la rosa
y el ave con su armonía.

Y la fuente rumorosa,
en este día felice,
con su murmullo te dice
que vivas siempre gozosa.

Y, de esa fuente al rumor,
oye la primera nota,
que ahora de mi laúd brota
al impulso de mi amor.

A LA JUVENTUD FILIPINA

Primer premio, una pluma de plata, en certamen
del «Liceo artístico-literario» de Manila, 1879

¡Alza tu tersa frente,
juventud filipina, en este día!
¡Luce resplandeciente
tu rica gallardía,
bella esperanza de la patria mía!

Vuela, genio grandioso,
y les infunde noble pensamiento,
que lance vigoroso,
más rápido que el viento,
su mente virgen al glorioso asiento.

Baja, con la luz grata
de las artes y ciencias, a la arena,
juventud, y desata
la pesada cadena
que tu genio poético encadena.

Ve que en la ardiente zona
do moraron las sombras, el hispano
esplendente corona,
con pía y sabia mano,
ofrece al hijo de este suelo indiano.

Tú, que buscando subes,
en alas de tu rica fantasía,
del Olimpo en las nubes
tiernísima Poesía,
más sabrosa que néctar y ambrosía.

Tú, de celeste acento,
melodioso rival de filomena,
que en variado concento
en la noche serena
disipas del mortal la amarga pena;

Tú, que la pena dura
animas al impulso de tu mente,
y la memoria pura
del genio refulgente
eternizas, con genio prepotente;

Y tú, que el vario encanto
de Febo, amado del divino Apeles,
y de Natura el manto,
con mágicos pinceles
trasladar al sencillo lienzo sueles;

¡Corred! que sacra llama
del genio el lauro coronar espera,
esparciendo la Fama
con trompa pregonera
el nombre del mortal por la ancha esfera.

¡Día, día felice,
Filipinas gentil, para tu suelo!
Al Potente bendice,
que con amante anhelo
la ventura te envía y el consuelo.

¡ME PIDEN VERSOS!

I
Piden que pulse la lira
ha tiempo callada y rota:
¡Si ya no arranco una nota
ni mi musa ya me inspira!
Balbuce fría y delira
si la tortura mi mente;
cuando ríe, solo miente,
como miente su lamento.
Y es que en mi triste aislamiento
mi alma ni goza ni siente.

II
Hubo un tiempo... ¡y es verdad!...
—Pero ya aquel tiempo huyó—
en que vate me llamó
la indulgencia o la amistad.
Ahora, de aquella edad
el recuerdo apenas resta,
como quedan de una fiesta
los misteriosos sonidos
que retienen los oídos
del bullicio de la orquesta.

III
Soy planta, apenas crecida,
arrancada del Oriente,
donde es perfume el ambiente,
donde es un sueño la vida:
¡Patria que jamás se olvida!
Enseñáronme a cantar
las aves, con su trinar,
con su rumor, las cascadas;
y en sus playas dilatadas,
los murmullos de la mar.

IV   Mientras en la infancia mía
pude a tu Sol sonreír,
dentro de mi pecho hervir
volcán de fuego sentía;
vate fui, porque quería
con mis versos, con mi aliento,
decir al rápido viento:
«¡Vuela; su fama pregona!
¡Cántala de zona en zona;
de la tierra al firmamento!»

V   ¡La dejé...! Mis patrios lares,
¡Árbol deshojado y seco!
ya no repiten el eco
de mis pasados cantares.
Yo crucé los vastos mares
ansiando cambiar de suerte,
y mi locura no advierte
que, en vez del bien que buscaba,
el mar conmigo surcaba
el espectro de la muerte.

VI   Toda mi hermosa ilusión,
amor, entusiasmo, anhelo,
allá quedan bajo el cielo
de tan florida región.
No pidáis al corazón
cantos de amor, que está yerto;
porque en medio del desierto
donde discurro sin calma,
siento que agoniza el alma
y mi numen está muerto.

Madrid, 1882

EL CANTO DE MARÍA CLARA

¡Dulces las horas en la propia patria
donde es amigo cuanto alumbra el Sol,
vida es la brisa que en sus campos vuela,
grata la muerte y más tierno amor!

Ardientes besos en los labios juegan,
de una madre en el seno al despertar,
buscan los brazos a ceñir el cuello,
y los ojos sonríense al mirar.

Dulce es la muerte por la propia patria
donde es amigo cuanto alumbra el Sol;
muerte es la brisa para quien no tiene
una patria, una madre y un amor.

MI RETIRO

    Cabe anchurosa playa de fina y suave arena,
y al pie de una montaña cubierta de verdor,
planté mi choza humilde bajo arboleda amena,
buscando de los bosques en la quietud serena
reposo a mi cerebro, silencio a mi dolor.

    Su techo es frágil nipa, su suelo débil caña,
sus vigas y columnas maderas sin labrar:
nada vale, por cierto, mi rústica cabaña;
más duerme en el regazo de la eterna montaña,
y la canta y la arrulla, noche y día, el mar.

    Un afluente arroyuelo, que de la selva umbría
desciende entre peñascos, la baña con amor;
y un chorro le regaba por tosca cañería,
que en la callada noche es canto y melodía
y néctar cristalino del día en el calor.

    Si el cielo está sereno, mansa corre la fuente,
su cítara invisible tañendo sin cesar;
pero vienen las lluvias, e impetuoso torrente
peñas y abismos salta, ronco, espumante, hirviente,
y se arroja, rugiendo frenético, hacia el mar.

    Del perro los ladridos, de las aves el trino,
del calao la voz ronca solo se oyen allí;
no hay hombre vanidoso ni importuno vecino
que se imponga a mi mente, ni estorbe mi camino;
solo tengo las selvas y el mar cerca de mí.

    ¡El mar, el mar es todo! Su masa soberana
los átomos me trae de mundos que lejos son;

me alienta su sonrisa de límpida mañana,
y cuando por la tarde mi fe resulta vana
encuentra en sus tristezas un eco el corazón.

¡De noche es un arcano...! Su diáfano elemento
se cubre de millares refulgencias de luz;
la brisa vaga fresca, reluce el firmamento,
las olas en suspiros cuentan al manso viento
historias que se pierden del tiempo en el capúz.

Diz que narran del mundo la primera alborada,
del Sol el primer beso que su seno encendió,
cuando miles de seres surgieron de la nada,
y el abismo poblaron y la cima encumbrada
y doquiera su beso fecundante estampó.

Más, cuando en noche oscura los vientos enfurecen
y las inquietas olas comiénzanse a agitar,
cruzan el aire gritos que el ánimo estremecen
coros, voces que rezan, lamentos que parecen
exhalar los que un tiempo se hundieron en el mar.

Entonces repercuten los montes en la altura,
los árboles se agitan de confín a confín;
aúllan los ganados, retumba la espesura,
sus espíritus dicen que van a la llanura
llamados por los muertos a fúnebre festín.

Silba, silba la noche, confusa, aterradora;
verdes, azules llamas en el mar vénse arder;
mas la calma renace con la próxima aurora,
y pronto una atrevida barquilla pescadora
las fatigadas olas comienza a recorrer.

Así pasan los días en mi oscuro retiro,
desterrado del mundo donde un tiempo viví;
de mi rara fortuna la providencia admiro:
¡guijarro abandonado que al musgo solo aspiro
para ocultar a todos el mundo que hay en mí!

Vivo con los recuerdos de los que yo he amado,
y oigo de vez en cuando sus nombres pronunciar:
unos están ya muertos, otros me han abandonado;
más ¿qué importa...? Yo vivo pensando en lo pasado
y lo pasado nadie me puede arrebatar.

El es mi fiel amigo que nunca me desdora,
que siempre alienta al alma cuando triste la ve;
que en mis noches de insomnio conmigo vela y ora;
conmigo en mi destierro y en mi cabaña mora,
y cuando todos dudan solo él me infunde fe.

Yo la tengo, y yo espero que ha de brillar un día
en que venza la idea a la fuerza brutal;
que después de la lucha y la lenta agonía,
otra voz más sonora y más feliz que la mía
sabrá cantar entonces el cántico triunfal.

Veo brillar el cielo tan puro y refulgente
como cuando forjaba mi primera ilusión,
el mismo soplo siento besar mi mustia frente,
el mismo que encendía mi entusiasmo ferviente
y hacía hervir la sangre del joven corazón.

Yo respiro la brisa que acaso haya pasado
por los campos y ríos de mi pueblo natal;
¡acaso me devuelva lo que antes le he confiado:
los besos y suspiros de un ser idolatrado,

las dulces confidencias de un amor virginal!

Al ver la misma Luna, cual antes argentada,
la antigua melancolía siento en mí renacer;
despiertan mil recuerdos de amor y fe jurada...
Un patio, una azotea, la playa, una enramada,
silencios y suspiros, rubores de placer...

Mariposa sedienta de luz y de colores,
soñando en otros cielos y en más vasto pensil,
dejé, joven apenas, mi patria y mis amores,
y errante por doquiera, sin dudas, sin temores,
gasté en tierras extrañas de mi vida el abril.

Y después, cuando quise, golondrina cansada,
al nido de mis padres y de mi amor volver,
rugió fiera de pronto violenta turbonada:
vénse rotas mis alas, deshecha la morada,
la fe vendida a otros y ruinas por doquier.

Lanzado a una peña de la patria que adoro,
el porvenir destruido, sin hogar, sin salud,
venís a mí de nuevo, sueños de rosa y oro,
de toda mi existencia el único tesoro,
creencias de una sana, sincera juventud.

Ya no sois como antes, llenas de fuego y vida,
brindando mil coronas a la inmortalidad;
algo serias os hallo; más vuestra faz querida
si ya no es tan ingenua, si está descolorida,
en cambio lleva el sello de la fidelidad.

Me ofrecéis, ¡oh ilusiones! la copa del consuelo,
y mis jóvenes años a despertar venís:

gracias a ti, tormenta; gracias, vientos del cielo,
que a buena hora supisteis cortar mi incierto vuelo,
para abatirme al suelo de mi natal país.

Cabe anchurosa playa de fina y suave arena
y al pie de una montaña cubierta de verdor,
hallé en mi patria asilo bajo arboleda amena,
y en sus umbrosos bosques, tranquilidad serena,
reposo a mi cerebro, silencio a mi dolor.

Durante el destierro en la isla de Dapitan

CANTO DEL VIAJERO

Hoja seca que vuela indecisa
y arrebata violento turbión,
así vive en la tierra el viajero,
sin norte, sin alma, sin patria ni amor.

Busca ansioso doquiera la dicha,
y la dicha se aleja fugaz:
¡Vana sombra que burla su anhelo...!
¡Por ella el viajero se lanza a la mar!

Impelido por mano invisible
vagará de confín en confín;
los recuerdos le harán compañía
de seres queridos, de un día feliz.

Una tumba quizá en el desierto
hallará, dulce asilo de paz,
de su patria y del mundo olvidado...
¡Descanse tranquilo, tras tanto penar!

Y le envidian al triste viajero
cuando cruza la tierra veloz...
¡Ay! ¡no saben que dentro del alma
existe un vacío do falta el amor!

Volverá el peregrino a su patria,
y a sus lares tal vez volverá,
y hallará por doquier nieve y ruina,
amores perdidos, sepulcros, no más.

Ve, viajero, prosigue tu senda,
extranjero en tu propio país;

deja a otros que canten amores;
los otros que gocen; tú vuelve a partir.

Ve, viajero, no vuelvas el rostro,
que no hay llanto que siga al adiós;
ve, viajero, y ahoga tus penas;
que el mundo se burla de ajeno dolor.

A MI...

Ya no se invoca la musa;
pasó de moda la lira;
ya ningún poeta la usa...
Aún la juventud ilusa
en otras cosas se inspira.

Hoy, si a la imaginación
le exigen que versos dé,
no se invoca al Helicón:
solo se pide al «garçon»
una taza de café.

Y, en vez del estro sincero
que al corazón conmovía,
se escribe una poesía
con una pluma de acero,
un chiste y una ironía.

Musa que en mi edad pasada
me inspiraste cariñosa
cantos de amor, ve y reposa.
Hoy necesito una espada,
ríos de oro y acre prosa.

Necesito razonar,
meditar y combatir;
algunas veces llorar,
pues quién mucho quiere amar
mucho tiene que sufrir.

Huyeron los días de calma,
días de alegres amores,

en que bastaban las flores
para consolar al alma
de sus penas y dolores.

Van huyendo, poco a poco,
cuantos amé, de mi lado;
aquél muerto, éste casado,
porque sella cuanto toco
con la desventura el hado.

¡Huye también, musa! ¡Vete!
Busca otra región más pura;
que mi patria te promete
por laureles el grillete
por templo cárcel oscura.

Que si es infame e impío
oprimir a la verdad,
¿No fuera en mí desvarío
detenerte al lado mío
privada de libertad?

Y ¿a qué cantar, cuando llama
a serio estudio el Destino,
cuando la tempestad brama,
cuando a sus hijos reclama
ronco el pueblo filipino?

¿Y a qué cantar, si mi canto
ha de resonar a llanto
que a nadie conmoverá?
¿Si del ajeno quebranto
el mundo cansado está?

¿A qué, cuando entre el gentío
que me critica y maltrata,
seca el alma, el labio frío,
no hay un corazón que lata
con los latidos del mío?

Deja dormir en la sima
del olvido cuanto siento.
¡Bien está allí! Que el aliento
no lo mezcle con la rima
que se evapora en el viento.

Como duermen de los mares
los monstruos en el abismo
deja dormir mis pesares,
mis caprichos, mis cantares,
sepultados en mí mismo.

Yo bien sé que tus favores
solo puedes prodigar
en esa edad de las flores,
de los primeros amores
sin nubes y sin pesar.

Muchos años han pasado
desde que con beso ardiente
has abrasado mi frente...
Aquel beso se ha enfriado
y hasta lo tengo olvidado.

Mas, antes que partas, di,
di que a tu acento sublime
siempre ha respondido en mí
un canto para el que gime

y un reto para el que oprime.

Mas tú vendrás inspiración sagrada,
de nuevo a caldear mi fantasía
cuando mustia la fe, rota la espada,
morir no pueda por la patria mía...

Tú me darás la cítara enlutada
con las cuerdas que vibran la elegía,
para endulzar de mi nación las penas
y el ruido amortiguar de sus cadenas.

Y si el tiempo con el laurel corona
nuestros esfuerzos, y mi patria amada
surge cual reina de la ardiente zona,
blanca perla del fango, redimida,
entonces vuelve y con vigor entona
el himno sacro de la nueva vida,
que nosotros el coro cantaremos
aún cuando en el sepulcro descansemos.

A LAS FLORES DE HEIDELBERG

¡Id a mi patria, id extranjeras flores
sembradas del viajero en el camino,
y bajo su azul cielo,
que guarda mis amores,
contad del peregrino
la fe que alienta por su patrio suelo!

Id y decid...; decid que cuando el alba
vuestro cáliz abrió por vez primera,
cabe el Neckar helado,
le visteis silencioso a vuestro lado
pensando en su constante primavera.

Decid que cuando el alba,
que roba vuestro aroma,
cantos de amor jugando os susurraba,
él también murmuraba
cantos de amor en su natal idioma;
que cuando el Sol la cumbre
del Koenigsthul en la mañana dora
y con su tibia lumbre
anima el valle, el bosque y la espesura,
saluda en ese Sol, aún en su aurora,
al que en su patria en su cenit fulgura.

Y contad aquel día
cuando os cogía al borde del sendero,
entre las ruinas del feudal castillo
orilla al Neckar o en la selva umbría.
Contad lo que os decía,
cuando, con gran cuidado,
entre las páginas de un libro usado

vuestras flexibles hojas oprimía.

Llevad, llevad ¡oh flores!
amor a mis amores
paz a mi país y a su fecunda tierra,
fe a sus hombres, virtud a sus mujeres,
salud a dulces seres
que el paternal sagrado hogar encierra...

Cuando toquéis la playa,
el beso que os imprimo
depositadlo en alas de la brisa,
porque con ella vaya,
y bese cuando adoro, amo y estimo.

Mas ¡ay! llegaréis, flores,
conservaréis, quizás, vuestros colores;
pero lejos del patrio, heroico suelo,
a quién debéis la vida
perderéis los olores;

que aroma es alma, y no abandona el cielo
cuya luz viera en su nacer, ni olvida.

Heidelberg, abril 1896

ÚLTIMO ADIÓS

Es la poesía más hermosa y popularizada de José Rizal.
La escribió en Real Fuerza de Santiago de Manila, donde
se hallaba prisionero, pocas horas antes de su fusilamiento

¡Adiós, patria adorada, región del Sol querida,
perla del mar de Oriente, nuestro perdido edén!
a darte voy alegre, la triste mustia vida:
si fuera más brillante, más fresca, más florida,
también por ti la diera, la diera por tu bien.

En campos de batalla, luchando con delirio,
otros te dan sus vidas, sin dudas, sin pesar.
El sitio nada importa: ciprés, laurel o lirio,
cadalso o campo abierto, combate o cruel martirio,
lo mismo es, si lo piden la patria y el hogar.

Yo muero cuando veo que el cielo se colora
y al fin anuncia el día tras lóbrego capúz:
si granas necesitas para teñir tu aurora,
¡vierte la sangre mía, derrámala en buena hora,
y dórela un reflejo de su naciente luz!

Mis sueños cuando apenas niño o adolescente,
mis sueños cuando joven, ya lleno de vigor,
fueron el verte un día, ¡joya del mar de Oriente!
secos los ojos negros, alta la tersa frente,
sin ceño, sin arrugas, sin manchas de rubor.

Ensueño de mi vida, mi ardiente vivo anhelo,
¡salud! te grita el alma que pronto va a partir.
¡Salud...! ¡Oh, que es hermoso caer por darte vuelo,
morir por darte vida, morir bajo tu cielo,
y en tu encantada tierra la eternidad dormir.

Si sobre mi sepulcro vieres brotar un día,
entre la espesa yerba, sencilla humilde flor,
acércala a tus labios y besa el alma mía,
y sienta yo en mi frente, bajo la tumba fría,
de tu ternura el soplo, de tu hálito el calor.

Deja a la Luna verme con luz tranquila y suave,
deja que el alba envíe su resplandor fugaz,
deja gemir al viento con su murmullo grave;
y si desciende y posa sobre mi cruz un ave,
deja que el ave entone su cántico de paz.

Deja que el Sol ardiendo las lluvias evapore,
y al cielo tornen puras con mi clamor en pos;
deja que un ser amigo mi fin temprano llore,
y en las serenas tardes, cuando por mí alguien ore,
ora también, ¡oh patria! por mi descanso a Dios.

Ora por todos cuantos murieron sin ventura,
por cuantos padecieron tormentos sin igual,
por nuestras pobres madres que gimen su amargura,
por huérfanos y viudas, por presos en tortura,
y ora por ti, que veas tu redención final.

Y cuando en noche oscura se envuelva el cementerio
y solo, solo muertos queden velando allí,
no turbes su reposo, no turbes el misterio:
tal vez acordes oigas de cítara o salterio:
soy yo, querida patria; yo que te canto a ti.

Y cuando ya mi tumba, de todos olvidada,
no tenga cruz ni piedra que marquen su lugar,
deja que la are el hombre, la esparza con la azada,

y mis cenizas, antes que vuelvan a la nada,
el polvo de tu alfombra que vayan a formar.

Entonces nada importa me pongas en olvido.
Tu atmósfera, tu espacio, tus valles cruzaré.
Vibrante y limpia nota seré para tu oído;
Aroma, luz, colores, rumor, canto, gemido,
constante repitiendo la esencia de mi fe.

¡Mi patria idolatrada, dolor de mis dolores,
querida Filipinas, oye el postrer adiós!
Ahí te lo dejo todo: mis padres, mis amores;
voy a do no hay esclavos, verdugos ni opresores;
donde la fe no mata, ¡donde el que reina es Dios!

¡Adiós, padres, hermanos, trozos del alma mía,
amigos de la infancia en el perdido hogar!
¡Dad gracias que descanso del fatigoso día...!
¡Adiós, dulce extranjera, mi amiga, mi alegría!
¡Adiós, queridos seres...! ¡Morir es descansar!

Vicente A. Sacramento
Poeta mozo. Colaboró en la Sección femenina de *La Vanguardia* cuando la dirigía Adelina Gurrea.

ERMITA[38]

Es so la arena de oro de la Ermita
donde mi musa su canción ensaya,
perla de luz y rosa que palpita
bajo el beso del Sol sobre la playa.

Quizás de mi alma en sus nostalgias haya
—lucero, golondrina o sampaguita—
el verso alado que a besarte vaya,
o la canción que en mi ilusión dormita.

Que inspiraste el cantar de mis cantares
y mis estrofas se alzan como altares
en donde, hermosa y única y aurina,

sobre un temblor de ardientes resplandores
y de incensarios mágicos y flores
¡tú eres la hostia de mi amor, divina!

1919

---

38 Lindo y señoril arrabal de Manila, a orillas del mar.

YO TE PERDONO

Como Cristo en la bíblica leyenda
yo te digo: «mujer, ¡yo te perdono!»
ya que te apartas de la negra senda
donde se alberga el mal y arde el encono.

Más, si alguno me cuenta tu pasado,
con su lengua traidora cual la hiedra,
le diré: «Si estás limpio de pecado
sé tu el que arrojes la primera piedra».

No llores, pues, mitiga tu quebranto,
y enjuga de una vez tu amargo llanto,
porque empaña el fulgor de tu mirada.

No creas que, aún que muchos te maldicen,
también hay labios que tu amor bendicen
porque saben que estás regenerada...

1919

Agustín Seva
Bisayo, nacido en Molo (Ilo-Ilo). Bachiller por los jesuitas del Ateneo y abogado por los dominicos de la Universidad de Santo Tomás, de Manila. Escribió versos desde muy joven, casi siempre ofrendados a la dama con quien luego casó. Hace años vive en la isla de Negros, consagrado al ejercicio de su carrera y a los negocios agrícolas, sin trato con las musas.

EL GIGANTE DE LOS MARES

Y, libre como el águila del cielo,
Podré cruzar los mares, cual me ordenas.
Roselló.

Dame, ¡oh! musa, tu voz, dame tu acento
para cantar al héroe sin segundo,
cuyo nombre feliz susurra el viento
de la apartada Iberia al Nuevo Mundo...
De tu gloria en el piélago infinito
se pierde el alma mía;
y aunque mis alas débiles agito
por abarcar tu colosal recuerdo,
cuanto más lo investigo, más me pierdo.

Figura sin igual, genio glorioso,
«gigante de los mares», gloria nuestra:
tú un diamante engarzaste esplendoroso
en la diadema hispana con tu diestra;
tú el valladar del Ponto embravecido
sin temor traspasaste;
y a tu sublime genio enardecido
solo prestaba campo dilatado
un mundo de grandezas ignorado.

Ese mundo es tu gloria y tu corona,
el que con lauros, mil tu sien circunda
el que del polo a la abrasada zona
con tu nombre sin par la tierra inunda.
Cuba, Lucayas, Haití, Dominica,
Boriquén y Jamaica,
Trinidad, Guadalupe y Martinica
son de tu honor los timbres sacrosantos

y el sublime ideal de nuestros cantos.

Tal puñado de perlas en tu mano
a tu patria sin fe ¡triste! brindaste,
y después al monarca lusitano;
y en cambio de tu oferta ¿qué encontraste?
desprecio a tu saber, bajo y mezquino.
Tu corazón tan solo,
tu corazón de temple diamantino
que del genio la voz potente escucha,
supo salir triunfante de la lucha.

Y tras fatigas y hórridos azares,
cruzando montes, traspasando llanos,
salvando la distancia de los mares,
la intrépida nación de los hispanos
te presentó su mano salvadora,
y tu frente abatida,
al levantar de España la señera
con una cruz volaste y una espada
a una playa de todos ignorada.

Y fuerte el corazón, firme el semblante,
su tesoro a las olas disputabas,
y a lejanas regiones anhelante
de tu bajel la proa enderezabas,
ignota mar con la ferrada quilla
cortabas sin recelos;
por las olas lamida, hermosa orilla
dibujóse después a tus miradas,
en su verdor lozano extasiadas.

Fértil región, alhaja desprendida
de las ondas de un mar que no te arredra,

entre árboles gigantes escondida
y entre murallas de granito y piedra.
Mas tú, «Cristóbal», por el ancho espacio
lanzando tu mirada,
de ricas esmeraldas y topacio
labrada viste la inmortal aureola,
que la sien del hispano tornasola.

Y en esa tierra, do Favonio y Flora
juntos muestran sus galas y hermosura,
fijaste tú la enseña salvadora
que el progreso en los pueblos asegura:
«Dios y mi rey»: idea portentosa,
digno solo del alma generosa,
emblema sacrosanto,
digno solo del alma generosa,
que uniendo con la fe su patriotismo
se aventura a cruzar el hondo abismo.

Mas ¡ay! que siempre al genio venerando
guarda el hado fatal triste destino,
y de abrojos punzantes va sembrando
con torva faz el árido camino
Y solo, en un rincón de nuestra España,
el término encontraste,
que marcaba el Señor a tanta hazaña.
Escucha, escucha al menos nuestro canto,
porque es del corazón tributo santo.

Gloria a ti, gran «Colón», eterna gloria,
que un nuevo mundo al piélago infinito
arrancaste. Perenne tu memoria
en bronce esculpiráse y en granito
España, sobre el carro poderoso,

que al rodar otro tiempo,
dos mundos arrastraba vigoroso,
al atronar el orbe con tu fama
«Gigante de los mares» te proclama.

¡VEN!

Lo admira todo, pero... no le llena;
la nostalgia le apena.
«El Marino Español.» P. Pl.

¡Cuan hermoso es el Sol cuando la frente
de entre nubes alzando esplendorosa
baña la tierra con su luz fulgente,
perfume embriagador presta a la rosa,
da murmurios al mar, perlas al río,
al pájaro cantares de alegría,
los colores del iris al rocío,
rumor a la cascada y armonía!

Cuando la luz sus hojas abrillanta
refractándose en rayos de colores,
¡cuán hermosa en la flor que se levanta
esparciendo balsámicos olores!

Tranquilo duerme el mar: la tenue brisa
riza apenas su líquida planicie,
y jugando en las ondas indecisa
resbala por la inmensa superficie;
copia a lo lejos el cristal trembloso,
como entre guijas de oro, la luz pura
con que el sidéreo coro esplendoroso
brilla en otra región. ¡Cuánta hermosura!

¡Quién sabe si en las ondas que desata,
resbalando entre juncos y maleza,
fugaz arroyo tímido retrata
de alguna ondina la gentil cabeza!
¡Quién sabe si, entre flores escondida,

en su cristal colúmpiase graciosa
náyade bella que al placer convida
meciéndose en las linfas voluptuosa!
¡Acaso alzando la nevada frente,
límpida y tersa como manso lago,
la mirada fugaz por la corriente
tiende en redor con incitante halago!

¡Todo es hermoso, todo! El Sol, las flores,
el cristalino mar, la fresca brisa,
de la estrella los vívidos fulgores,
de la náyade bella la sonrisa.

«Todo lo admiro, pero... no me llena»
y, al recordar que estás tan apartada,
triste «nostalgia» el corazón «me apena»
y fuera de tu amor no quiero nada.

No sé por qué mis lágrimas contengo
cercándome tan negra desventura;
dentro del pecho fluctuando tengo
el corazón en olas de amargura.

¡Vuelve a mi lado, que me causa enojos
cuanto en redor acongojado miro!
¡Vuelve, que solo por mirar tus ojos
desque partiste sin cesar suspiro!

Son tan hermosos, ¡ay! tus ojos bellos,
tan dulce su mirar, paloma mía,
que diera yo para mirarme en ellos
lo que nunca jamás otro daría.

¡Si al menos este afán que me devora

alejarlo del alma consiguiera...!
Más, ¡ay! que esta ilusión engañadora
hasta en el sueño me persigue fiera.

Yo te veo en el rayo delicado
con que flota la Luna en el vacío,
y en las hojas del lirio perfumado
cuando esconde una gota de rocío.

Yo escucho de tu voz el blando arrullo
en la brisa que juega con la rosa,
yo percibo tu acento en el murmullo
de cristalina fuente temblorosa.

Yo soy la nube que perdida flota
en la extensión azul, tú eres el viento;
yo soy del arpa la dormida nota
que trocará tu mano en dulce acento.

¡Ven ya, mi dulce amor! ¡Ven, que entre tanto
«lo admiro todo, pero... no me llena»!
¡Ven a enjugar por fin mi acerbo llanto!
Ven ¡«la nostalgia» el corazón «me apena»!

1895

TUS LÁGRIMAS

    —Yo soy un sueño, un imposible,
vano fantasma de niebla y luz;
soy incorpórea, soy intangible;
no puedo amarte. —¡Oh, ven, ven tú!
Bécquer.

    ¿Por qué tan lejos, mi bien,
y de ti tan apartado,
continuamente suspiros
por ti de mi pecho arranco?

    ¿No me has dicho una y mil veces
que todo mi esfuerzo es vano,
que no habría entre los dos
más que el cariño de hermanos?

    ¿No me dijiste cien veces
que tanto afán y amor tanto
eran quimérico sueño?
¿que nunca en tus ojos claros

la mirada de los míos
clavara yo enamorado,
porque tú solo podías
darme un triste desengaño?

    ¿Por qué, sin buscar alivio
a mi dolor y a mi llanto,
fijo en ti mi pensamiento,
de ti no quiero apartarlo?

    ¿No hay, acaso, otras mujeres

ni otros amores, acaso,
ni otras beldades que amantes
me reciban en sus brazos?

¿Acaso en ti solamente
Natura ha depositado
la esbeltez y la hermosura
y los mayores encantos?

¿Eres tú, acaso, la sola
en cuyos ojos rasgados
hay miradas que fascinan
cuando miran con agrado?

Acaso, di, vida mía,
otras no habrá que, escuchando
mis tiernísimos requiebros
o mis amorosos cánticos,
con sonrisas y miradas
me den de mi amor el pago...?
¡Muchas habrá! ¿quién lo duda?
Habrá dos, y tres, y cuatro
que a mis ayes y lamentos
respondan con dulce halago;
pero ninguna, ninguna,
viéndome sufrir callando,
llorará como tú lloras,
con un lloro tan amargo.
Tú, en cambio, mi bien, lloraste
y lloraste tanto y tanto,
que nunca será posible
que yo consiga olvidarlo.
Por eso, luz de mis ojos,
solo a ti te adoro y amo;

por eso los ayes míos
a ti sola los consagro;
y aunque solamente quieras
darme un triste desengaño,
tus lágrimas lo han querido:
¡yo siempre seré tu esclavo!

A SALVADOR RUEDA

Mientras ruge el fragor de los cañones
y retiembla la tierra con pavura,
y encaramado en la nubosa altura
escudriña el avión los batallones;

mientras de Marte bélicas canciones
el pecho llenan de feroz bravura,
tornando en lobo al hombre en la espesura
y en rayo el galopar de los bridones,

sobre el lomo rizado de las olas
que hendieron las valientes carabelas
venidas de las playas españolas,

llegas, del Arte envuelto entre las galas,
tendiendo al aire tus gallardas velas,
como un cisne cantor de blancas alas.

Octubre, 1915

José R. Teotico
Natural de la isla de Luzón, tal vez manileño. Cursó la segunda enseñanza en el Ateneo de los jesuitas. Dirigió *La Vanguardia*. Luego fue redactor del diario nacionalista *El Ideal*, que ya no se publica.

LA DALAGA DE MI TIERRA
Fragmento

Es dulce como el arpegio de una cítara pagana;
es suave como el aroma de un jardín cuando florece,
tenue y leve cual la brisa que murmura en la mañana
y diciendo sus murmurios nos seduce y enloquece.

Con sus mimos y caricias los pesares adormece
cual la música hechizante de una flauta virgiliana,
y en sus mágicos encantos de beldad ultramundana,
el consuelo apetecido halla el alma que padece.

En la esencia de su todo —que es esencia de lirismo—
que convergen hacia un foco por la acción de los espejos
envolviendo pudorosa sus encantos tropicales,

cual si fueran de una flama los lumínicos reflejos,
que convergen hacia un foco por la acción de los espejos
convergen los más hermosos, los más santos ideales.

Es tímida y es ingenua, sincera en sus sentimientos
y sabe cubrir de rosas celestes nuestros caminos
cuando se apaga, entre el lloro de los ojos macilentos
y gritos de horror, la estrella de nuestros pobres destinos.

Es sencilla, cual la flora de los bosques filipinos
donde aletea el suspiro perfumado de los vientos:
tiene un alma grande y noble y en sus labios purpurinos
van a morir dulcemente nuestros hondos sufrimientos.

Tiene el eco sollozante de las notas del «Kundiman»,
tiene el ritmo alado y suave de los vates cuando riman
las estrofas de un poema con palabras de ilusión;

Y sus ojos, que parecen dos sagitarios brillantes,
nos arrojan por el arco de sus párpados soñantes
flechas de amor que se clavan, temblando, en el corazón...

Figulina delicada, no es frívola ni es coqueta,
sino hermana cariñosa de su ardiente fantasía;
es mística, cual lo son los ensueños de un poeta
que se agrandan como el vuelo de melódica armonía.

Es un ángel del hogar, que sabiamente interpreta
en su modo de pensar la vital filosofía,
y en su modo de sentir el suspiro de Julieta,
el gemido de Desdémona y el delirio de Lucía.

Ama su honra más que el brillo del oro resplandeciente,
porque su honra constituye el tesoro solamente
de su vida tan serena cual la hora matutina;

y si el amor que fue suyo asesina su esperanza,
se revuelve brava y fuerte como en busca de venganza
y sabe morir y muere por la quimera divina...

¿Es hermosa? Sí; es hermosa. Al mirar su tez morena,
siento la embriaguez sagrada que produce la ternura,
y en mi deliquio la veo como lánguida sirena
cuando en la paz de los mares tristes canciones murmura.

En ella vive la raza, y su lírica figura
a las hadas rememora, cuando en la noche serena
aparecen con sus clámides rutilantes de hermosura
bajo los besos de amor y paz de la Luna llena.

En la magia de su rostro —que es poético y sencillo—

se conserva la dulzura de la Virgen de Murillo,
una bruma de delirio y una sensación de seda.

Y en su alma suprasensible, de romántica señora,
como en un cofre de encanto ella guarda y atesora,
la pasión de aquella «Elvira», de los versos de Espronceda...

TRILOGÍA IDEOLÓGICA

PESIMISMO
Vivir es condenarse a eterno sufrimiento,
llorar continuamente sin encontrar consuelo,
buscar con ansia loca el goce de un momento
teniendo el alma llena de amargo desconsuelo.

Rimar todo un poema entero de dolores,
cruzar todo un sendero sembrado de amarguras,
y, entre penas y llantos y amargos sinsabores,
gustar de un trago toda la hiel de las torturas.

Y si el vivir es solo sinónimo de pena,
¿por qué nos crió el hado y luego nos condena
a una existencia triste, penosa y dolorida?

¿Es que tal vez el hombre no es digno de otra suerte
Y así es que tiene siempre el dolor y la muerte
por los únicos polos del eje de su vida?

MATERIALISMO
¿El hombre es un conjunto de espíritu y materia?
¡Combinación que pasma! ¡Dualismo que contrasta!
Para explicar la vida con toda su miseria,
el espíritu sobra, pues la materia basta.

La vida es el producto de todas las funciones
de la materia sola. El alma es la quimera,
que vive entre las nubes y se harta de ilusiones
hasta que se disuelve en la hora postrimera.

En vano me resisto a toda esta evidencia.
El espíritu es nada, la materia es potencia

que sostiene y engendra las funciones vitales.

Al hombre, por lo tanto, le basta la materia
para explicar la vida con toda su miseria,
con todos sus quebrantos y con todos sus males.

ESCEPTICISMO
Yo fui en un tiempo ido fanático creyente
que solo profesaba católica doctrina,
teniendo como norma la ley omnipotente,
teniendo como pauta la voluntad divina.

Después, el golpe rudo de un brusco desengaño
mostróme cuán amarga es la verdad desnuda,
y uniendo con lo cierto el dolo de un engaño
plasmé nuevas ideas, y germinó la duda.

Entonces dudé siempre de todo cuanto existe,
y dudo todavía de lo que hasta hoy persiste,
de lo veraz, incluso de lo que palpo y toco.

Y tanto ya he dudado, que a concebir no alcanzo
si en el mar de la vida, con mi bajel avanzo
como un hombre juicioso o como un hombre loco.

MEDITACIÓN
Fragmento

....
Media la noche. Hasta el mundo me parece que dormida.
Columpiado por los brazos de Dios mismo, blandamente,
solo en vela me mantengo. Una amarga y honda cuita
me carcome el alma toda, lentamente... lentamente.
Calma intensa. Nada turba el descanso de la noche
más que el rápido descenso del insólito aguacero,
el monótono chirrido de las ruedas de algún coche
que resbala quietamente sobre el barro del sendero,
el crujir de las persianas azotadas por el viento,
la canturria discordante de los hierros del tejado
(donde cuando el Sol los días alegraba, como un cuento,
las parleras avecillas sus nidales han labrado),
y el suspiro que flotando en los aires va cautivo
inspirado por la pena que en secreto me acongoja
el suspiro que se escapa en un vuelo fugitivo
de mis labios, por mi ensueño que en sollozos se deshoja.

La luz tiembla, porque siente el martirio de los vientos,
que irrumpieron desde fuera en la calma de mi estancia,
a encerrarse prisioneros en elásticos fragmentos
y perderse, en un bostezo, vagamente, en la distancia.
Parpadea la luz trémula. Y de súbito se apaga,
entre espasmos convulsivos de un cuerpo que lento muere.
Sigue el viento en mi aposento que de negruras se
       embriaga,
mascullando monofónico un extraño «Miserere».

Ramón J. Torres
Bisayo. Fundador y codirector, ahora, con Francisco Varona, del diario *El Debate*. Destaca como soberano prosista y escritor político. Ha escrito algo para el teatro.

ALMA MATER

        Con ocasión del tricentenario de la Pontificia Universidad de Manila

        «Si después de tres siglos y medio el
        escultor no ha podido sacar más que una
        caricatura, ¡bien torpe debe de ser!...
        O bien, mala la masa de que se sirve...»
        Rizal.

I   Generación que naces poseida
        de nuevos entusiasmos y virtudes,
        y en el contacto de la nueva vida
        tus energías vírgenes sacudes;
        Viril generación, tú, que te empinas
        sobre el nivel de las doradas cuestas,
        y abriendo en cruz los redentores brazos,
        en un raudal de luces iluminas
        el éxito de tus pasadas gestas
        y el porvenir de los presentes lazos;
        depón el ceño, olvida los prejuicios
        de los antiguos días en que vives,
        ¡oh, tú, generación que te apercibes,
        una salmodia fraternal levanta,
        para más generosos sacrificios!
        y en medio de esta fatigosa fiebre
        un tierno epitalamio, que celebre
        la institución real y pontificia
        de esta Universidad tres veces santa,
        tres veces secular.

        Alzarlo en coro
        vosotros primogénitos benditos
        de la progenie patria, ilustres sabios,

honor y prez del nacional decoro,
que recibisteis con los mismos ritos
la sal de la sapiencia en vuestros labios,
y en comunión los unos con los otros
brote del seno del filial linaje
el cántico, que en labios de vosotros
sea como un legítimo homenaje
a la madre común.

Matrona egregia,
gloria viviente del amor hispano,
que ciñe al par una corona regia
y una señal del símbolo cristiano;
Madre de razas parias, que dio el pecho
a un pobre niño, abandonado y magro,
y le infundió en un soplo de milagro
la vida de los pueblos: el Derecho.

¡Almas tenaces, respetad siquiera
el noble gozo de esta madre anciana
cuya misión de paz la venidera
posteridad vendrá a juzgar mañana!

En la tardía anunciación del verbo,
que gestó en sus entrañas redentoras,
sintió la madre aquel afán acerbo,
que, sin que ya su corazón taladre,
fue solo las angustias precursoras
de la mujer que pronto iba a ser madre!
y madre fue; y el hijo que nacía,
como bautismo recibió en la frente
el ósculo de luz del nuevo día,
que ya apuntaba en el extremo Oriente.

Pero la humanidad no solo tiene
la vida material; tiene en el pecho
arraigada la cepa más perenne
de otra vida; la vida del Derecho.
De ahí esa benemérita milicia
de paladines que en tranquila guerra
luchan para afirmar sobre la tierra
el reinado final de la Justicia!

Discípulos de Hipócrates, juristas,
ministros del altar, notables hombres
legaron de la patria las conquistas
de su saber y sus preclaros nombres.

II

Madre y maestra de las almas, digna
del nombre singular de Benavides,[39]
en cuyas nobles y proficuas lides
fue siempre la verdad una consigna,
en nombre de sus cánones severos,
luchó con entereza por los fueros
de la verdad.

¡Y la verdad, lo mismo
que Dios, que impone su invariable ruta,
tendió al justificado despotismo
de ser verdad, que es una y absoluta!

Verdad sencilla y múltiple: compendio
de las eternas ansias de las gentes:
universal y silencioso incendio,
que baja sobre todas las conciencias
para encender en las insignes frentes

---

39 Don fray Miguel de Benavides, primer obispo de Nueva Segovia y luego metropolitano de Manila (1540-1605). Fundó la provincia dominicana del Santísimo Rosario de Filipinas y al Colegio de Santo Tomás base de la futura Universidad. Su estatua se levantó frente a ésta.

la llama inextinguible de las ciencias!

La llama ardió. Su luz, que fue de aurora,
que se abriese en el cielo de verano,
llenó el hogar, como una salvadora
consagración del pensamiento humano;

Y aparecieron hombres celebrados
de ciencia y de virtud, sobresalientes
en todos los eternos postulados
de la moderna ciencia. Almas creyentes
que se iniciaron en los santos ritos
y con la fe que la visión expande,
supieron los arcanos infinitos
de la divinidad tres veces grande!

¡Oh virtud de la fe! La ciencia incrédula
también tiene su fe, la fe potente
del microscopio. Insignes compatriotas
violaron los secretos de la célula
por el milagro insigne de la lente;
e hicieron con los mudos caracteres
de la materia, en concentradas gotas,
la esencia de la vida de los seres.

Otros buscaron en el cuerpo inerte
la causa eterna del dolor humano,
y con el bisturí sobre la herida
arrebatar supieron de la muerte,
vibrándolas en triunfo entre la mano,
las palmas victoriosas de la Vida...!

III   Pronto anidaron en aquellas almas,
presas bajo inquietas pesadumbres,

anhelos como antojos iniciales;
pronto gimieron las nativas palmas
al soplo que traía de las cumbres
el polen de fecundos ideales.

Pronto la hoz del nuevo pensamiento,
a golpes de cerebro hacía mella
en la raíz de instituciones rancias;
y pronto sucedió el derrumbamiento
al tajo vengador de la centella,
que incubaron las mismas circunstancias.

En medio de los rudos episodios
del despertar de aquellas multitudes
vieron pasar las familiares glebas,
sobre el torrente de encontrados odios,
la racha formidable de virtudes,
la tempestad de las ideas nuevas.

Y sobre el mar del popular tumulto,
en la corriente de furor insano,
como reliquia de inviolable culto,
flotaba el arca del saber humano.

Fue menester el trasponer la orilla
de aquella charca de corrupto lodo,
aniquilar y abandonarlo todo,
tener las manos limpias de mancilla
y no lavarse nada en la conciencia
sino el tesoro santo de la ciencia.

Tres siglos han pasado. ¡Tres centurias
que desataron las tremendas furias
de condensadas iras en sufragio

del alma popular! Viejos prestigios
cayeron con los últimos vestigios
después de aquel providencial naufragio.

Y dijo entonces Dios: «Pondré en la altura
mi arco en señal de la perpetua alianza
entre vosotros». Y brilló en los cielos
el signo de los tiempos que inaugura
la era anunciada de la nueva gracia;
arco de triunfo bajo el cual avanza
la humanidad con todos sus anhelos;
el gran iris social: la democracia!
Iris de nuestras épocas triunfales,
nuncio de un bello porvenir, que arranca
de su fecundo seno hecho de amores
la plenitud de todos los ideales,
como se funde en una luz —la blanca—
la hermosa variedad de los colores.

Tres siglos han pasado. Espesa hiedra
veo cubrir el cúmulo de escombros
que han apilado los pasados años;
y veo levantar la enorme piedra
del porvenir los esforzados hombros
llenos de fe, de propios y de extraños.

Hacínense a la luz de los crepúsculos
y excítelos el nervio de mis versos,
como en un haz de contraídos músculos,
esos sumandos de vigor dispersos:
que antes que nuestra fuerza, que hoy se agosta,
en mútuas desconfianzas se consuma,
la patria necesita, a toda costa,
fundar el porvenir sobre la suma

de todos los esfuerzos.

Escarbemos
la tierra inculta como unidos potros,
y bienvenidos sean los supremos
y francos sacrificios de los otros:
porque en el campo inmenso de la Historia
y en la vasta expansión de sus periodos
hay tiempo y hay lugar para la gloria,
para la gloria, por igual, de todos.

IV

Y tú, hijo y sucesor de Benavides,
llegado en pleno siglo iconoclasta,
que participas como el viejo Alcides
de la verdad de tu divina casta:
Sigue esparciendo con la ungida diestra
las luminosas gracias de tus cruces,
y en el único ideal que el pueblo abraza
por obra y gracia de la ciencia vuestra,
se hará, al amor de redentoras luces,
la transfiguración de nuestra raza.

Entonces, de la cúspide mas alta
de los grandes ensueños que acaricia
la juventud, que tu labor exalta,
habrá de bendecirte... Y si hace falta
la misma humanidad te hará justicia.

Diciembre, 1911

Alejo Valdés Pica
Nació en Quiapo, barrio de Manila, el 3 de noviembre de 1890. Sus padres le trajeron a España en 1897, y en varios institutos de Barcelona cursó el bachillerato. Vuelto a Filipinas a los dieciocho años, e hijo de médico, estudió medicina tres años. Es ahora capitán de constabularios al servicio de los Estados Unidos. Luce como buen esgrimista y apasionado de la música. Comenzó a versificar (1914) en la revista *Alma Moderna*. Por el poeta en que cree y a quien sigue, le nombran «el Villaespesa filipino». Ha publicado: en verso, *Electa* (1915) e *Íntimas* (1919); y en prosa, *Breviario de amor* y *Sinceridades*.

A LA LUZ MORIBUNDA...

A la luz moribunda del recuerdo,
sueño en aquel mi amor, mi amor primero,
y triste soñador aventurero
entre las sombras del pesar me pierdo.

Cual la celda de un mísero ermitaño
queda abierta a los vientos del desierto,
así mi corazón quedóse abierto
al soplo huracanado del engaño.

Del fondo de mi vida agonizante
se alzaba aquel recuerdo torturante,
en su quietismo silencioso y vago,

cual se alza en las mañanas invernales
la bruma de las nieblas invernales
sobre las aguas límpidas de un lago.

1914

LUCÍAN EN TU ESPALDA...

Lucían en tu espalda por entero
tus cabellos, de un negro tenebroso,
que tenían el brillo esplendoroso
y cortantes de láminas de acero.

En el salón, hundido en las tinieblas,
había tonalidades misteriosas,
cual de aguas tranquilas y azulosas
cubiertas por las brumas y las nieblas.

Tu hermosa cabellera me atraía
con la fascinación negra y sombría
de los ignotos bosques seculares,

y mis labios hundía en tus cabellos,
y, loco de pasión, dejaba en ellos
un enjambre de abejas osculares.

1914

A SALVADOR RUEDA

I

Poeta ruiseñor: en las difusas
alegorías tuyas misteriosas,
hay un aletear de mariposas
y la atracción de estrofas inconclusas.

Exquisito cantor: en las profusas
bellezas exquisitas de tus glosas
—como en un lecho de fragantes rosas—
se extenuan de amor las nueve musas.

Tus versos tienen la atracción secreta
de un quieto lago bajo un cielo en calma
cuando entonas tu lenta salmodía.

Porque tu estirpe de andaluz poeta
rindió a las musas, que te dieron su alma,
y tú diste tu alma a la Poesía.

II

Del templo del Amor tomó la ruta
el poeta. Cantó versos adónicos.
Como remate a capiteles jónicos
puso música y versos por voluta.

Todos tus versos tienen la impoluta
blancura inmaculada del armiño,
porque, inocente, cantas como un niño
en tus estrofas la verdad absoluta.

En plena aspiración de ser sincero
escribiste sincero el cancionero,
y es tu sinceridad tu baluarte.

A la lectura fiel de tus canciones
han sentido las almas emociones
porque es tu alma el alma de tu Arte.

ARTE DECORATIVO

I

Miguel Nieto ha pintado, en un intenso
amor por lo oriental, una cadencia.
En su cuadro la Tórtola Valencia
danza, febril, la danza del incienso.

El cielo nocturnal, azul de Oriente,
dosela su figura. Orientales
perfumes la circundan, y sus chales
resbalan de sus hombros lentamente.

Extraña luz, como de mármol blanco
entrevisto a través de una esmeralda,
estiliza su rostro de judía.

Y al movimiento, en celo, de su flanco
se entreabren los pliegues de su falda
en una irradiación de pedrería.

II

Rozando las ajorcas y los velos
con caricias de mano femenina,
una pantera arrastra por los suelos
el moteado de su piel felina.

Sus patas, sigilosas, se deslizan
entre las piernas de la bailarina,
y en inquietud sus ojos rivalizan
con las miradas de la danzarina.

La pantera es un símbolo viviente,
como lo son también las dos panteras
que pusiera Dulac, clarividente,

bajo los pies de Circe; en un ambiente
de sutiles encantos y quimeras
bajo el nocturno cielo azul de Oriente.

III
Dulac y Miguel Nieto han presentido
la vida de este símbolo, y han dado
la tristeza febril de lo vivido
a la quimera de lo que han pintado.

(Mujeres y panteras son afines
en la crueldad de sus inclinaciones...
Gustan de palpitantes corazones
para la esplendidez de sus festines.)

(Por eso, en las tragedias de la vida,
a la caricia femenil va unida
la garra sanguinaria de la fiera;

y estar entre los brazos de la amada,
es cual sentir la carne desgarrada
por la zarpa brutal de una pantera.)

IV
La vida femenil de sus pinturas
es tan real, que llega hasta inquietarme,
pues me hace presentir que las figuras
van a salir del lienzo para hablarme.

En el estudio, lleno de tristeza,
la mujer y la fiera son tan bellas,
que parece tangible su belleza
cual si la vida palpitase en ellas.

Y a las primeras horas vespertinas,
cuando solas están mujer y fiera,

los ojos del felino tienen quedas

y lánguidas miradas femeninas,
y la mujer se mueve entre sus sedas
con felina arrogancia de pantera.

PASTORAL

I
    Estoy en pleno monte. Recluido
en un camaranchón llamado escuela,
siento sobre mi alma la secuela
de la dolencia del que está aburrido.

    En pleno monte. Flota en el ambiente
la gris opacidad de una neblina,
que a los rayos del Sol se difumina
y se rasga en jirones lentamente.

    Derrama el Sol su oro por los ampos,
en un derroche de alegrías gualdas,
irisando el techar del caserío;

    y fingen, en el verde de los campos,
diamantes en monturas de esmeraldas
las cristalinas gotas de rocío.

II
    Llueve torrencialmente, y el chubasco
es tan pródigo en agua que sepulta
los caminos en lodo. El Sol se oculta
tras cortinas de nubes. De un peñasco,

    dando tumbos, despéñase un torrente:
entre un choque ruidoso de guijarros
y un murmullo de roce de chinarros
se desliza del río en la corriente.

    Vuelve a lucir el Sol. La lluvia es fina
como agujas de plata, en cuyos ojos
tenues hilos de oro el Sol enhebra;

pero quiere bordar, en sus antojos,
un capricho en el agua cristalina
y las agujas y los hilos quiebra.

1919

EN LA QUIETUD...

En la quietud calma de la hora
el poeta relee sus poemas,
y con sus ojos, que parecen gemas,
los negros signos que escribió devora.

De la lectura de sus versos goza
besando aquellos que le mienten gozo,
y ante los tristes con pesar solloza
poniendo el alma toda en un sollozo.

Una tenue sonrisa se dibuja
en sus pálidos labios sensuales
al murmurar sus rimas musicales;

y ante las tristes y sentimentales
su alma soñadora se arrebuja
en un manto rosado de ideales.

1919

SPLEEN

Traducción de Juan Moreas

Como un vencedor ávido de exterminio y de ensaño
en mi frente ha plantado su bandera el hastío.
En prados luminosos va a pacer el rebaño
de ilusiones que han hecho en mi alma el vacío.

Un castillo fingía perspectiva lejana:
de rubíes y oro le forjé en mis ensueños;
pero sus muros eran de arcilla... Una mañana
se derrumbó el dorado castillo de mis sueños.

El corazón, roído por un pesar muy hondo,
se abandonó al miraje de una quimera loca;
bebí, para curarme, de su copa sin fondo
y su embriaguez me ha puesto amargor en la boca.

Hundido en las tinieblas, muero calladamente.
Es la vida espejismo de sueños y palabras,
y su embriaguez me ha puesto amargor en la boca,
vomitan el veneno por sus bocas macabras.

1919

ORACIÓN

Filósofo,
Poeta,
que miráis las cosas
tristes de este mundo,
uno, muy profundo,
con ojos de asceta,
y otro, como rosas;
los dos en mi vida
pusisteis un mal:
uno abrió una herida,
otro abrió un rosal.

Tus rosas, poeta,
perfuman la vida,
la hacen bella y fuerte,
¡toda juventud!

y tú, cruel asceta,
nos muestras la vida
velando a la muerte
junto a un ataúd.

Tú, poeta, sueñas
vagas sensaciones,
que pasan risueñas
como tus canciones
con las que te adueñas
de los corazones.

Me dijiste, asceta,
que es triste la vida,
que amor es llorar,

sé que no mentiste
cuando lo dijiste;
mas dime, poeta,
¿hay algo en la vida
más dulce que amar?

Yo te odio, asceta,
porque sé que sientes
con sinceridad.
Te amo, poeta,
porque sé que mientes
la realidad.

Filósofo,
Poeta,
que miráis las cosas
tristes de este mundo,
uno, muy profundo,
con ojos de asceta
y otro, como rosas;

los dos en mi vida
pusisteis un mal:
uno abrió una herida,
otro abrió un rosal.

Tu verdad, asceta,
hizo de mi vida
un inmenso crial;
tu llanto, poeta,
hizo de mi herida
brotar un rosal.

1919

AUTOCONSOLACIÓN

I
Sonríe, poeta del dolor, sonríe;
ya tu ensueño de amores ha triunfado
en una luminosa apoteosis
al pie del tabernáculo.

Por los mismos dolores que sufriste,
por lo que has de sufrir seca tu llanto,
y a la pálida novia que a ti viene,
sedienta de tu amor, abre los brazos.

A tu puerta ha llegado sonriente,
como una virgen rústica, temblando,
a ahuyentar tus tristezas dolorosas
con la caricia de sus dedos blancos.

Cierra al dolor tu corazón, poeta;
para las dichas guárdalo;
ahuyenta los fantasmas de las penas
que hoy solo la alegría ha de ocuparlo.

Deja la puerta de tu estancia abierta
al paso del amor y obra el milagro
de tu resurrección inesperada
con la consolación de lo esperado.

Ya la pálida novia que esperabas
en busca de tus brazos ha llegado
a enfriar los ardores de tu carne
y a calentar las nieves de tu tálamo.

El juego de sus dedos ha deshecho
el trenzado de sedas del peinado

y la luz moribunda de tu lámpara
al soplo de su aliento se ha apagado.

Sonríe, poeta del dolor, sonríe;
la hora de los besos ha sonado...

II El viejo Cristo de marfil que adorna
las desnudas paredes de tu cuarto,
aquél que obró el milagro de los peces
y de los panes ácimos,
que serenó el tumulto de los mares
con la caricia de sus pies descalzos,
y en su doctrina de piedad y amores
perdonó a Magdalena sus pecados.

Desde su cruz contempla vuestros cuerpos
en un estrecho abrazo entrelazados,
y con tristeza en sus pupilas cándidas
y en sus ojos dos lágrimas temblando
parece que te dice, entre suspiros,
y de dolor sobre su cruz llorando:

—Como yo, tú también agonizaste
sobre la cruz de tu dolor clavado,
y las zarzas de todos los dolores
tus sienes y tu frente desgarraron:
has sufrido la mofa y el desprecio,
y has sentido en tu rostro el salivazo
del legionario que salió a tu encuentro
cuando llevabas el madero al hombro
camino del Calvario.

Tú también has sentido de la lanza
el golpe en el costado

y has muerto, como yo, cantando amores
y a todos perdonando.

Toda tu vida ha sido un ansia eterna
—moribundo y en cruz puestas las manos—
esperando el amor de los amores
para abarcarlo con tus brazos cárdenos.

Ya la pálida novia que aguardabas,
en busca de tus besos ha llegado.
Por los tristes dolores que sufriste,
por los que has de sufrir, seca tu llanto,
y a la pálida novia que a ti viene,
sedienta de tu amor, abre los brazos.

Sonríe, poeta del dolor, sonríe:
la hora de los besos ha sonado.

1919

EL AMOR DE LOS AMORES

La vida es un dolor. Es algo incierto,
lleno da brumas y de ensoñaciones
que nos hacen temblar. Sepulcro abierto
para enterrar en él las ilusiones.

Es triste caravana en el desierto.
Nos morimos de sed. Las desazones
son inquietantes, como un cuerpo muerto
destrozado por garras de leones.

De la vida en el áspero camino
yo he sido como humilde peregrino
que hizo el amor de su ideal un rito;

atravesó el desierto con mis penas,
y he quemado mis pies en sus arenas
en un ansia infinita de infinito.

1919

¡BENDITA SEAS, PECADORA!

I
Yo fui también a ti, cuando soñaba
mi deseo con curvas morbideces
y mi joven pupila dilataba
la visión de tus blancas desnudeces.

En tu boca he bebido hasta las heces,
el néctar que tu labio me brindaba,
y de amor, en tus brazos, me embriagaba,
en un ansia infinita de embriagueces.

Bendita tú, entre todas las mujeres,
porque colmas el ansia de placeres
y el ansia de placer aguijoneas.

Porque tus blancos y afilados dientes
el goce intensifican; porque mientes
un platónico amor, ¡bendita seas!

II
Yo creí adivinar en tus antojos
acicate a pasiones sexuales;
mas moduló tu voz ternuras tales,
que hasta llegué a creer en tus sonrojos.

¡Cómo fingías crisis pasionales,
de hondo y sentido amor, en tus enojos...!
¡Si hasta fingieron lágrimas tus ojos,
en sartales de perlas, a raudales...!

Porque haces olvidar, con tus engaños,
que el amor solo brinda desengaños,
y fingiendo el amor, el amor creas;

por hacernos creer, con tus pudores,
en la sinceridad de tus amores,
¡por hacernos creer, bendita seas!

III Cuando estoy solo, sueño en la blancura
de tu piel y en el negro de tu pelo,
y enardecido de pasión, me encelo
por la sensualidad de tu cintura.

Entre las sombras del pesar me pierdo.
Mi deseo recuerda tu hermosura,
y aumento intensamente mi amargura
con el opio sutil de su recuerdo.

Porque finges un férvido entusiasmo
durante la epilepsia de tu espasmo;
porque al hacerte desear, deseas;

porque vibran caricias redentoras
en tus humildes manos pecadoras,
¡bendita seas, mujer! ¡Bendita seas!

1919

ESTABA ESCRITO

Me has herido a traición. En emboscada
miserable y ruin me has acechado,
y en pleno corazón me has asestado
sin compasión, amor, tu puñalada.

No te guardo rencor. Mi amor sincero
es tan intenso que me llena el pecho.
Me ha herido tu traición, como un acero...
Yo te perdono el daño que me has hecho.

¡A qué, guardar rencor, si todo ha sido
tan solo un sueño que alegró mi vida...
un bálsamo fugaz sobre una herida...!

¡A qué, llorar una esperanza muerta,
si todo ha de caer en el olvido,
aunque la herida permanezca abierta!

1920

Pacífico Victoriano
Caviteño. Médico de nota en Manila. Ejerce el profesorado.

EN LA BRECHA

El turbión, formidable ya no ruge;
ya amainaron las hórridas ventascas;
y en la manigua trágica y bravía
ya no vibra el tronido de las balas...

Ha pasado la noche dolorosa,
nuestra noche fatídica y amarga...
Auras de paz retozan en la tierra
y platean el cielo nuevas albas...

En las yermas campiñas y en las selvas
con la sangre del pueblo bautizadas,
lanza el toque de diana la corneta
y resucita la moderna Esparta...

Sobre el montón de ruinas y cadáveres
que queda del naufragio de la patria;
del sepulcro en que duermen tantos mártires
¡emerge, oh juventud! ¡érguete y anda...

¡Emerge, oh juventud! ya entre el celaje
ríe la nueva aurora suspirada,
que ayer empurpuraron con su sangre
los genios salvadores de tu raza...

En la cumbre gloriosa del Calvario,
como un astro radiante, aún fulge el ara,
no logró el huracán con sus embates
derribar de ella a la deidad preclara...

Baja sin miedo con la frente erguida
a la candente arena, en que se entablan

las luchas de la heroica inteligencia,
y ante el bravo adversario avanza, avanza...

¡Oh, no temas caer ante el coloso
con el pecho horadado con las balas!
Tiene tu alma la fuerza de esos árboles
que, al caer, estremecen las montañas...

Compra tu libertad y tus derechos
con los propios esfuerzos de tu alma,
que la presente edad solo nos lega
una herencia de penas y desgracias...

¡Triunfarás, juventud! con tu heroísmo
que no teme el peligro ni las balas...
Tú eres como el «limbás»[40] de nuestros montes
que al estallar el rayo, ¡vuela y canta!

Tú eres como esas águilas altivas,
que más se elevan en las nubes altas
cuando roza sus plumas el relámpago
y estallan en su frente las borrascas.

El choque engendra luz; por eso libras
contiendas con la pluma o con la espada;
brota el rayo del choque de dos nubes
y al golpe del martillo el fuego salta...

Cuando rodeada de banderas rojas
sucumbas en tu propia barricada,
nuestro ideal no morirá contigo;
¡el cuerpo se desploma, nunca el alma!

---

40 (Limbás) Ave de rapiña, pequeña, de vuelo imperios.

¡Venga el golpe hacia ti! Espera firme
y sitúate siempre a la vanguardia...
Procura no caer en la refriega
sin coronar la cumbre suspirada.

Si otra víctima exige el holocausto
escala con la cruz la sima sacra,
que imitando a Isaac y a Jesucristo
salvarás en tu Gólgota a la patria.

Te miro triunfadora como Marte
hundir al despotismo con la espada,
galopar sobre un rayo de la aurora,
y ascender hasta el cielo de la Fama;
y, mientras sueña el alma con victorias,
predica el evangelio de tu raza
que nos enseña a estrangular tiranos
y a retar al Destino cara a cara...

¡Tú vencerás! Tú no eres carne fofa,
carne que se aniquila en las borrascas...
Tú no llevas encima de la frente
el Inri denigrante de los parias...

Adora ese evangelio que te obliga
a defender tus fueros con la espada,
como te obliga a levantar un trono
el inri denigrante de los parias...

Templa tu alma en el yunque del martirio;
en el martirio se sublima el alma
que batalla en el campo del trabajo
y trabaja en el campo de batalla...

¡Trabaja! —nuestra época es de luchas—
y cumple la misión a ti confiada,
de edificar sobre el montón de escombros
el majestuosa trono de la patria...!

¡Que te quepa la gloria inmarcesible
de coronar su frente inmaculada...!

Así, al brillar el Sol del nuevo día,
y al ondear la enseña soberana,
podrás cantar ante la tumba ignota
de los caídos en la noche aciaga:

«—¡Dormid en paz, oh mártires anónimos,
inolvidables hijos de mi raza!
Yo coroné vuestra obra con el éxito.»
Y después exclamar ante la patria:

«—¡Salve a ti, encantadora Filipinas,
yo te saludo, madre idolatrada!
¡Ya eres feliz, gloriosa y redimida!
¡Reina sobre la tierra libertada...!»

ALTIVEZ TAGALA

Lucho, aunque el fardo del pesar me abrume,
y bajo a la palestra sin recelos...
¡Triunfaré al fin! No soy cual ave implume
incapaz de elevarse hasta los cielos...

Me denuesta la envidia... ¡No me importa!
Yo prosigo impasible la jornada,
¡el vuelo del cóndor jamás se acorta
al silbo del reptil de la hondonada!

No mendigo un aplauso lisonjero,
ni algún laurel para calmar mi angustia.
El aplauso es un ruido pasajero,
y el laurel, verde rama que se mustia.

Para alegrarme en la hórrida cruzada
que libro, redimiendo mi inocencia,
me basta con mirar la cumbre ansiada
y contemplar sin manchas mi conciencia.

Sin armas entró en lid mi adversario,
y afrontó con valor el rudo embate.
La pluma puede el púgil literario
convertirla en espacia de combate...

¡Nunca fui estoico! —El gladio yo he blandido,
siendo infante en el trágico espoliario.
La fuerza me arrolló, sentíme herido,
pero seguí a la patria hasta el Calvario.

En pro del bien no rehuyó el holocausto,
ni desertó del culto al patriotismo.

Yo amo tanto a mi patria —pueblo infausto—
que la erijo en altar mi pecho mismo.

¡No soy vil...! Yo odio la careta fea
con que oculta su crimen el malvado.
Que me diseque el corazón y vea
si lo tengo corrupto o inmaculado.

Mi alma, que el duelo despreciarlo sabe,
no teme de la sátira las balas.
¡Bajo lluvia de plomo se irgue el ave
porque cree en la fuerza de sus alas!

A EMILIO JACINTO

¡Héroe preclaro de la patria mía...
resurge del abismo del olvido...!
Ya te llama el clarín del nuevo día,
pregonando tu nombre esclarecido...

En la epopeya de la patria esclava,
fuiste fuerza motriz, luz refulgente,
formidable turbión, tempestad brava,
que hízonos respirar el libre ambiente.

Cuando pedía sangre nuestra aurora,
y ayes de muerte hendían el espacio,
armaste con tu idea salvadora
el brazo vengador de Bonifacio...

Cayó lluvia de sangre en nuestra tierra,
flameó la «sandata»[41] en el boscaje,
y arrojaste a la hoguera de la guerra
el inicuo pendón del coloniaje...

Tú enseñaste a jurar al insurgente,
las banderas del bien y del decoro,
y a odiar con el encono más ardiente
la cadena del siervo, aunque de oro.

Nos enseñabas a atajar las balas,
y a conseguir el triunfo en las derrotas,
al corazón cobarde diste alas,
llenando las trincheras de patriotas.

Luchando te mató bala asesina,

---
41 Especie de «Kries», o machete de hoja ondulada.

y, al caer, no lograron los tiranos,
arrancarte la enseña filipina
de las sangrientas y crispadas manos.

Bajo tu dirección, la masa estoica
se redimió con el esfuerzo suyo;
si Bonifacio y su legión heroica
triunfo obtuvieron, ¡fue ese triunfo tuyo!

La grana de tu sangre redentora,
en que la fuerza y el valor se adunan,
cual rubí del volcán, tiñó la aurora
del gran Pentecostés del «Katipunan».

Si te hirió un proyectil, a tu caída,
rayó el alba entre negras tempestades;
¡cada gota de sangre de tu herida
fue semilla de nuestras libertades!

Con tus lanzas tomaste nuestras villas,
venciste al César con su plan de engaños;
hizo tu «talibóng»[42] su trono, astillas,
¡rompió su cetro de trescientos años!

Nos salvó tu estrategia. ¡Cuántas muertes
evitaron por ti nuestras legiones!
Débiles fuimos, nos hiciste fuertes,
y combatimos como bravos leones...

¿Como olvidarte en el camino incierto
si tu ejemplo fulgura en la conciencia?
¿Si en batalla campal caíste muerto
por conquistar la patria independencia?

---

42 Arma blanca, parecida al machete cubano.

¡Surge triunfa! No son tus glorias pocas:
que el pueblo audaz que estranguló tiranos,
¡te ensalzará con su millón de bocas!
¡te aplaudirá con su millón de manos!

Para alcanzar el pueblo el triunfo suyo,
le hace falta un espíritu indomable,
¡un corazón entero como el tuyo,
y una fe, cual la tuya, inquebrantable!

En el libro del mérito no has muerto.
Tu timbre ostenta victoriosa palma.
¡Quién muere por la patria en campo abierto
tiene un altar de gloria en nuestra alma!

EXCELSIOR

A Cervantes
Premiada con la flor natural en los juegos florales españoles de Manila, mayo, 1905, conmemorativos del III centenario de la publicación del Quijote

¡Pasmo de todos es la obra gigante
que perpetúa tu fulgente gloria!
¡Me parece gran mole de diamante
alzada en monumento a tu memoria!

Goza vida inmortal en las edades
el libro bello que tu fama afianza.
En todas las humanas sociedades
sueña Quijote y ríe Sancho Panza...

En tu pluma de oro educadora
resplandece, con gracia y galanura,
el rico idioma hispano, que atesora
iras, amores, música y ternura.

Prodigio de tu ínclito talento
fue el libro que logró inmortalizarte;
con él alzas a España un monumento
y un monumento a España erige el Arte...

Tu proeza ilumina ¡oh Sol preclaro!
el siglo que tu mérito abrillanta.
Eres genio del mundo, eterno faro;
y encarnación de Dios es tu obra santa.

Tu sátira donosa fue la fusta
con que abatiste el vil positivismo.
Retrata enteramente tu obra augusta

a esa edad de prosaico realismo.

Desde tu huesa, que el ciprés corona,
oye la sinfonía de mi lira;
es la canción que a tu memoria entona
el bardo filipino que te admira...

Para esculpir tu nombre giganteo,
para encumbrar tu gloria soberana,
arrancaré la lira de Tirteo
y el estro portentoso de Quintana.

Al mundo literario que te aclama
le enalteces ¡oh clásico ironista!
y a España le has legado con tu fama
tu corona de insigne novelista.

Mientras se nutra el pecho de ilusiones,
de esperanzas y fe que el alma anhela,
y elaboren amor los corazones,
triunfará el ideal de tu novela.

Vive aún Sancho con vida depravada
y el pundonor con su ambición se junta;
¡no está la sociedad regenerada,
y la aurora social aún no despunta!

¿Quién no se dignifica en ser Quijote
ante la corrupción y la innobleza,
para vivir sin denigrante mote
coronado con nimbo de grandeza?

¡Buen Quijote, salud! ¡No eres vencido;
¡érguete hasta las nubes arrogante!

Vas como el Nazareno escarnecido,
¡pero serás después un dios triunfante!

Tu apostolado, en méritos fecundo,
conquistará la admiración humana.
Más que buscar, como Colón, un mundo.
¡Tú formarás el mundo de mañana!

El bien social, tu sueño soberano,
no impera aún sobre la tierra mía.
¡No siempre el Sol amaneció temprano,
pero siempre fulgura el nuevo día!

La crítica social tu libro entraña,
ideal de sociólogos profundos.
¡Cervantes, loor a ti, gloria a España,
la que fue soberana de dos mundos...!

Santa es tu obra y exige sacrificios,
padeciste por ella mil dolores;
¡salvar a las naciones de sus vicios
es misión de los grandes redentores!

¡Grande es Moisés, guiando al patrio suelo
al pueblo de Israel que se redime!
¡Más grande emerges tú, en el noble anhelo
de crear humildad justa y sublime!

¡No! No esa humanidad tan corrompida
que pisotea la honra y el decoro;
¡e hipoteca el amor y hasta la vida
por la ruindad, el cálculo y el oro!

¡Loor al que salva al pueblo corrompido

del mal que le esclaviza y le pervierte!
Por rescatar al mundo envilecido
Cristo aceptó la cruz hasta la muerte.

Los Sanchos se aniquilan con presteza;
muere esa raza mísera y raquítica;
¡Ya expira la maldad con la innobleza
ensartada en el hierro de tu crítica...!
....
Los fervientes apóstoles del día
sobrellevan aún tu cruz sagrada!
¡Aún van cruzando la siniestra vía;
aún distan de la meta suspirada!

Al llegar al pináculo glorioso,
tras las pendientes trágicas y abruptas,
comulgarán, ante el altar del gozo,
la hostia de amor las almas incorruptas.

¡Oh la Pascua social! ¡Día de encanto;
la fe redimirás, hoy naufragada.
Tú, sí, realizarás el sueño santo
de ver la humanidad regenerada!

¡Llegarás! No eres, no, delirio vano.
¡Trae el ciclón, después, días de calma!
¡Y ha de emerger, en tiempo no lejano,
la gran patria inmortal con nueva alma...!

A SALVADOR RUEDA

Heraldo de la raza. En turquesa latina
ha modelado España el alma filipina
con rosas de su carne y oro de su pendón.
Por eso, aunque nos vieres malayos por la cara
y morena la frente que el indio Sol tostara
somos siempre españoles en alma y corazón.

El pacto hispano-indígena de tres siglos de amores
no fue vana quimera de los conquistadores,
¡con sangre rubricáronle Legazpi y Solimán!
Subsistirá ese pacto, que alientan ideales
de secular cariño y lazos fraternales,
porque lo anhela el pueblo con perdurable afán.

De España es el espíritu de mi nación querida,
es rosa de su carne, pedazo de su vida,
y es de ella el mismo rayo de nuestro ardiente Sol.
Corren por nuestra sangre glóbulos españoles
y hasta el sagrado loto nimbado de arreboles
se fecundó en las islas con polen español.

Di a la matrona ibérica, a la gloriosa anciana,
la que empuñó el gran cetro del mundo, soberana,
que la ama Filipinas con hondo amor filial;
y al cobijarla un tiempo bajo su enseña de oro,
legándole su ciencia y su idioma sonoro,
cumplió ella su sagrada misión providencial.

La cruz del misionero salvó el malayo suelo,
y señaló la ruta que nos conduce al cielo
sembrando en nuestras almas cien rosas de virtud,
y el hierro de Legazpi defendió nuestras tierras

de las piraguas moras en fratricidas guerras
librando nuestra estirpe de horrible esclavitud.

Tú traes, sacerdote ungido por la Fama,
el copón milagroso que guarda sacra llama
a este florón de Iberia del oriental vergel.
Comulgue nuestra alma, hincada la rodilla,
ante el altar del Arte, la hostia de Castilla,
jurando amor a España, ser a ella siempre fiel.

Somos floridas ramas del roble milenario:
conserve nuestra raza el poder legendario,
que trasmitióle España, de su progenie audaz.
Los lazos que nos unen a ella en la ventura,
de religión, de sangre, de idéntica cultura,
son vínculos eternos ¡no se rompen jamás!

No morirá en mi tierra su lengua encantadora
y tras la niebla plúmbea que oculta roja aurora
teñida en sangre y lágrimas, en fiera tempestad,
la patria independiente, ciñendo hermosa aureola,
en español sonoro como bramido de ola
entonará su himno a nuestra libertad.

Octubre, 1915

Francisco Villanueva
Bisayo. Vive consagrado a la política. Estampó en Manila (1913), una colección de poesías: *Horas de luz.*

AWAKE...

Mira: yo sufro, y yo lloro,
pues bien puede suceder
que no llegues a entender
lo mucho que yo te adoro.

Si tu corazón de oro
el Sol de mi amor no advierte,
déjame que lo despierte
de su letargo profundo,
para que viva en el mundo
junto al mío hasta la muerte.

1913

A MI PATRIA

Hermosa patria mía, amor de mis amores,
¿Sabes porqué mi acento hoy se dirije a ti,
y porqué el más indigno entre tus trovadores
gozoso te contempla con loco frenesí?

Es porque se anonada la ardiente fantasía
ante el recuerdo santo del poema de tu ayer;
es porque sueño verte alta la frente un día,
señora del Oriente, reuniendo por doquier.

Entonces tu alma enseña envolverá tu suelo,
tus plácidos hogares con ella se ornarán,
de oro, de azul y grana se teñirá tu cielo,
y oro y azul y grana tus campos mostrarán.

Tus ínclitos donceles, tus vírgenes amadas
celebrarán ansiosos tu página inmortal;
y temblarán tus montes, rosales, y cascadas
a los melífluos sones de tu himno nacional.

Desde su trono el mundo levantará su frente
para entonar un himno, un himno en tu loor
¡Gloria para la patria ya libre e independiente
que luce a cuatro vientos la enseña tricolor!

Un amor acendrado ¡oh patria! por ti siento.
Tuyos son mis laureles; es tuya mi ilusión.
¡Libre desea verte el claro entendimiento!
¡Libre desea verte el noble corazón!

1913

Antonio Zacarías
Poeta nuevo. Ha escrito poco. Colabora en *La Defensa*, diario católico de Manila. Muestra la gentileza de cantar en sus primeros versos a la patria de la colonización.

ESPAÑA INMORTAL
Tríptico

I   ESPAÑA HEROICA
La gloria de los grandes batallones,
que a la tierra asombró con sus grandezas,
resplandece de nuevo en las proezas
africanas de sus ínclitos leones;

Aún respiran los viejos corazones
que arrullaron al mundo en sus ternezas,
y ante quienes bajaron las cabezas
el orgullo de cien Napoleones;

Aquella intrepidez en el combate
aún existe y vigorosa late
en el alma inmortal de su soldado;

¡La patria, vencedora de cien lides,
abre de nuevo el libro del pasado,
donde vagan las sombras de los Cides!

II   ESPAÑA CATÓLICA
Esa nación grandiosa que, a porfía,
conquista mandos con ardor valiente,
también ensalza con fervor creyente,
las sublimes grandezas de María.

De fervorosa y mística alegría,
se ilumina su rostro de repente,
y se postra de hinojos, reverente,
cuando pasa la virgen por su vida.

Y es que en esa nación de maravilla,

la lumbre de la fe constante brilla,
y hasta en la sangre de sus venas late;

¡Por eso entre el fragor de la metralla,
a sus hombres veréis en la batalla,
que se persignan antes del combate!

III   ESPAÑA LITERARIA
Esa España ferviente y valerosa,
que confunde la Cruz con la Bandera,
también adora a la inmortal Quimera
que forma su ilusión maravillosa;

Y respira el perfume de la Rosa
de su Poesía, la creación entera;
la humanidad, estática venera
las obras de esa patria esplendorosa;

El Rosal de su ilusión florece,
el mundo, con su triunfo, se estremece
y el horizonte de su amor se ensancha;

y vivirá su gloria eternamente,
mientras haya ideas en la frente,
mientras viva Quijote de la Mancha.

Flavio Zaragoza Cano
Bisayo, de Ilo-Ilo, donde dirige *El Heraldo*.

LA GOTA DE AGUA

Bajando por la impávida eminencia,
desde incógnitas fuentes,
rueda la gota de agua. En la confluencia
donde se unen arroyos y torrentes,
—con su ritmo triunfal de excelsas notas
o de ondas desatadas—
se entremezclan mil gotas con mil gotas
hasta formar ciclópeas cascadas...

Y a la manera
del salto audaz —desde la roca al llano—
con que muestra su esfuerzo la pantera,
salta el río también al océano
con terco empuje;
mientras en cada gota de agua ruge
la génesis de ignotas tempestades,
la mar y el río, en colosal connubio,
fecundan en las vastas soledades
la nube anunciadora del diluvio.

La nube retadora
pronta a caer en lluvias torrenciales,
se alzará de la mar que se evapora,
subiendo a los espacios siderales;
y cuando el viento
azote con su tralla el firmamento,
la densa nube la región ignota
cubrirá de los vastos horizontes,
para bajar de nuevo, gota a gota,
sobre la cumbre de los altos montes.

Gota de agua es el vate:

con su verbo profético y sombrío
piérdese de la vida en el combate,
cual árbol seco que arrastrara el río;
su idea es torrente
que brota de la cumbre de su frente
y derramando la cascada roja
de sus magnas virtudes,
como el río, también salta y se arroja
al mar de las dormidas multitudes.

En raudo vuelo
cruza de los espíritus el cielo,
«donde Dios reina y do la fe no mata,»
formando con las nubes de su idea
y sus cerebraciones,
la tempestad social que se desata,
que fecunda y procrea
el árbol-Libertad de las naciones!

Y cuando baje
la idea desprendida del celaje,
volverá a fulgurar sobre otras frentes,
para trocarse en frescos manantiales
de futuros torrentes
que llenarán el mar con sus caudales:
correrá como inmensa catarata
propulsora de ineptas voluntades,
en cuyo albo remanso se retrata
el vago porvenir de las edades...

PROEMIAL

A José Hernández Gavira

Joven bardo que encerró poesía
en pagodas de marfil y de plata:
templa el sistro de celeste armonía
y tus sáficos cantares desata...

Suelta al trote tus gallardos bridones
y que escalen la altitud tus corceles,
al concierto de modernas canciones,
bajo un arco de floridos laureles.

Verterás la dulce euritmia del verso
en prestigio de los lares nativos,
cual aroma de grandeza, en el terso
y áureo yelmo de patriotas altivos...

Tu canción sea de triunfos y amores
ante el alma nacional que te escucha:
blancos ritmos a doncellas y flores,
bravos toques a adalides en lucha...!

POETAS ESPAÑOLES EN FILIPINAS

Felipe A. de la Cámara
Granadino. Comenzó a escribir en Madrid Cómico. Residió en Filipinas (donde casó), más de veinte años, publicando allí sus libros *Bajo el cielo de Manila* (1908), *Palomicas de mi palomar* (1915) y *Cadena de amor* (1918). Últimamente residía en su ciudad natal.

LA SAMPAGUITA

Pendiente sobre un seno que palpita
callada exhalas de tu olor la huella.
No hay otra flor que te aventaje a bella
¡Por algo te pusieron sampaguita!

Igual que una esperanza de bonita,
eres flor y pareces una estrella;
y no hay mejor adorno de doncella,
ni perfume más fino necesita.

Bella mujer, que la belleza igualas
del «rosario» que lleno de ufanía
luce en sus cuentos tan fragantes galas:

Un rosario de flores bien querría.
Si el que llevas al cuello me regalas
¡te prometo rezarlo cada día!

LA MESTIZA ESPAÑOLA

Cuando llegue la noche del olvido
nadie tendrá noción de lo pasado,
y al encontrarlo todo transformado
alguien creerá que nada se ha perdido.

De Urdaneta y Legazpi el apellido
será, acaso, de todos olvidado,
y de mi patria el nombre venerado
ni evocado será, ni enaltecido.

Acaso alguien recuerde, como en sueños,
un pasado de encantos más risueños,
que en su eterna canción digan las olas;

pero aun cuando en placer se trueque el llanto
¡No tendrán ya estas islas el encanto
de las dulces mestizas españolas!

¡La mestiza española...! La que aúna
la sangre de dos razas, la admiraba
de Norte a Sur; la ninfa elaborada
por los rayos de plata de la Luna;

la mujer amorosa cual ninguna,
del malayo pensil flor delicada,
no volverá a lucir, ni la templada
brisa de Oriente arrullará su cuna.

No más la languidez de su semblante,
ni su busto arrogante,
en sus espejos copiarán los ríos;

Ni la verán ciñendo su alba frente
de sampagas, al brillo refulgente
de sus ojos oscuros y sombríos.

Bella mujer, que en los felices días,
como la flor que aroma los vergeles,
endulzaras la vida con las mieles
de tus eternas y mansas alegrías;

Dieron solaz las dulces melodías
de tu garganta a los proscriptos fieles,
y gozó la fragancia de claveles
que de tu dulce cuerpo despedías.

Acaso tu recuerdo pronto muera;
pero tu tumba de mi patria amada
seguirá cobijando la bandera,

mientras luzca en lugar tranquilo y quieto,
a merced de los vientos desplegada,
la leyenda triunfal de mi soneto.

Tomás Cáraves
Montañés, de Cabuérniga, donde nació en 1864. Licenciado en Derecho y Filosofía y Letras. Residió en Manila muchos años, ejerciendo la abogacía. Fue catedrático de Derecho Penal en la Universidad de Santo Tomás. Ocupó altos cargos administrativos. Colaboró en los principales periódicos de Manila, singularmente en el *Diario*. Regresó de allá hacia 1898. Vive ahora en Alcalá de Henares.

TOTA PULCHRA ES MARIA

«El Señor me poseyó desde el principio»
Prov. VIII, 23

Dadme canoras aves la armonía
que en cascada sonora
surge del fondo de la selva umbría,
cuando el naciente día
fresco rocío en las campiñas llora.
Dame, arroyuelo cristalino y manso,
el suave murmurar de tu corriente,
de espuma matizada en el remanso.
Préstame inquieto mar tu voz potente,
vosotras auras el susurro ledo
que vibra en los cristales de la fuente.
La fe su inspiración hija del cielo;
las cuerdas del laúd su melodía,
la cristiana oración su grato anhelo
y sus cantos la hermosa poesía
que busca a Dios, cuando remonta el vuelo.
Fanales suspendidos en la altura,
alborada magnífica de mayo
rival eterna de la noche oscura,
préstame de tu luz vívido rayo.
Envuelta en densa bruma
no sabe a donde va la mente inquieta;
dale tu luz al alma del poeta,
tus tintas a su pluma.
Cantar quiero a María Inmaculada,
aquel primer momento
en que al surgir de la impalpable nada,
tuvo lugar el sin igual portento.
Del pasado primero el vaho aleve,
no empañó un solo instante su pureza

semejante a la nieve
que del Alpe se posa en la cabeza.
¡Mirad! Allá en su frente,
la alborada riente
de sus tintas los haces amontona,
ciñéndola esplendente
y sin rival magnífica corona.
¡Ved!... a sus bellos ojos
asoma el rosicler de la mañana
y son sus labios rojos
envidia de la grana.
Las clavellinas que de ingente roca
nacen en la hendidura,
envidian los perfumes de su boca,
y el marfil de sus dientes la blancura.
De su albo cuello en el contorno vago
algo incorpóreo, inmaterial se extiende...
¡Es el cisne del lago!
¡Es la paloma que el espacio hiende!
Es María, la cándida doncella,
orgullo de Sión, la que escogida
fue del Señor para encarnar en ella,
La que de Sol vestida
con sus divinos pies los astros huella.
La matrona valiente
que de la astuta y pérfida serpiente
quebrantó la cabeza con su planta,
es la Madre de un Dios omnipotente
a quien absorto el Universo canta.
Es María, la egida y el amparo
del que en la tierra infortunado llora;
y es en el mar el encendido faro
enmedio de tormenta aterradora.
La que invoca el marino en sus azares,

cuando el azote de huracán violento,
las olas de los mares,
amenazan trepar al firmamento.
Entonces ¡ay! es ella
quien al revuelto mar dice: —¡Detente!
la que apaga el rumor del oleaje
y hace que el Sol magnífico, esplendente,
rompa del nubarrón el denso encaje.
Es ella, quien a raya
pone al viento y amansa sus rigores;
aliento del que mísero desmaya
y quien conduce a la distante playa
las barcas de los pobres pescadores.
Con labio balbuciente y vivo anhelo
«¡Dios te salve, María!»
en la cuna te dice el pequeñuelo:
salúdate el anciano
que harto ya de luchar con el destino,
apoyo busca en tu segura mano.
¿Mas que mucho, Señora,
que el hombre de quien eres bienhechora
su gratitud te ofrezca y, sus amores...?
También del Sol los mágicos fulgores
te rinden homenaje
y te saluda el mar con sus rumores,
con su aroma las flores,
las aves con su canto en el follaje.
La Creación entera a ti rendida
himnos en tu loor, creyente, lanza,
que eres, al par que aliento de su vida,
el puerto en lo inmortal de su esperanza.
¡Dios te salve, María!,
¡lirio de Nazaret, blanca azucena,
bendito imán de la esperanza mía!

Escucha la plegaria del poeta
que a cantar se atrevió tu gran Misterio,
que antes cantara el arpa del profeta,
del ángel el salterio...
Mas disculpa, Señora, mi osadía
si me atreví a llegar a tu grandeza.
¡Qué madre no perdona una flaqueza...!
¡Perdona, Madre mía!

Manuel Casuso
Hijo de españoles, nació en La Habana el 6 de marzo de 1874. Fue niño a Filipinas, cursando el bachillerato en el Instituto de San Juan de Letrán, de los padres dominicos. Hizo allí sus primeras armas literarias. Colaboró luego en periódicos españoles del país. Regresó a España al emanciparse el Archipiélago. Es ahora, en Barcelona, director de la Cárcel de mujeres.

¡CÓNDOR, DAME TUS ALAS...!

¡Del mundano vivir, cuanto me aterra
compartir la dorada falsedad!
¡Cómo me ahoga el lodo de la tierra!
¡Cómo mancha su negra suciedad!

Cóndor, dame tus alas: necesito
volar cómo tu vuelas, ¡oh cóndor!
Tengo sed de beberme el infinito
en un vuelo sin fin, libertador.

¡Mas ay! ¿a qué volar? El alma impura
cautiva del dolor tiene que ser.
Cóndor, ¿a que volar hacia la altura,
si al lodo de la tierra he de volver...?

¡QUÉ TERRIBLE DOLOR!

¡Qué terrible dolor es este mío:
hoy como ayer, mañana como hoy!
Como revuelto y caudaloso río
de mi destino al fin marchando voy.

Calma te pido, padecer constante;
calma te pido, inhóspito sufrir:
como el héroe al marchar hacia adelante
quiero cara al peligro sucumbir.

A la muerte no temo: ¿qué es la muerte
sino el almo principio de otra vida...?
Queda frío en la tierra el cuerpo inerte
y vuela el alma que en el cuerpo anida.

Vuela el alma a los cielos y en la altura
es encendida chispa, es un fulgor,
y cuando brilla, desprendida y pura,
va a postrarse a las plantas del Señor.

Y desde entonces queda convertida
en un astro que miran los humanos;
una dorada estrella suspendida
del cristalino espacio en los arcanos.
....
Estrellas rutilantes que contemplo
de azul y luminoso palpitar;
¡luminaria magnífica de un Templo
sin rito, sin imágenes ni altar!

¡Luceros de radiar inextinguible!,
¡soles que apenas los humanos ven;

almas, felices almas! ¿es posible
que llegue a ser estrella yo también...?

1921

LÁGRIMAS

¿Sabéis lo que es el río al parecer inerme,
cuyas dormidas aguas espejan lozanías?
Es el titán pacífico en cuyo seno duerme
un nunca sospechado tesoro de energías.

¿Sabéis dónde ha nacido la plácida corriente?
Brotaron de las rocas sus gotas de cristal
y cáliz son las rocas en el que lentamente
cayendo van las lágrimas de un llanto universal.

La escarcha se desprende cual lágrimas de frío;
lloran de la neblina los impalpables lutos;
son lágrimas del alba las gotas de rocío
y los arbustos lloran las mieles de sus frutos.

El mar llora sus perlas; las nubes sus fluidos;
llora la tierra gemas de ardiente claridad,
y llora el firmamento luceros desprendidos,
y llora entre sus risas también la humanidad.

¡Benditas sean las lágrimas! Cayendo persistentes
en río se convierten tras lenta filtración,
y en ese río santo, ocúltanse latentes
tesoros no apreciados de luz y redención.

1922

Francisco de la Escalera
Madrileño. Vivió expatriado gran parte de su vida en América y Filipinas. Aquí fue redactor de *El Comercio* y *El Diario de Manila*, donde publicaba versos a diario bajo el seudónimo «Peldaño». En Manila editó (1897) su libro *Poemas relámpagos*. En Madrid estampó (1898) otro con el título de *Baraja de sonetos*, porque contenía cuarenta. Colaboró también en la Prensa de la corte, singularmente en la ilustrada. Falleció en Buenos Aires en 1914.

AÑO NUEVO

En la hora sombría de la noche
nace al mundo del vientre del Misterio.
Entre la Edad y el Siglo lo engendraron
en un instante criminal de incesto:
lo crean a traición; como un delito;
como crea el reptil bajo del cieno.
Y sin embargo es grande. Por alcoba
tiene la inmensidad del firmamento
y ve al nacer, como primer paisaje,
de estrellas de oro empavesado el cielo.
Las horas, con las gamas de los bronces
a gloria tocan. Le saluda Enero
con ósculo glacial. La Virgen Alba
le da un beso de luz. Y entona el viento
una marcha real en su homenaje;
un preludio de honor, un himno inmenso.
En el Jordán de oro de la aurora
le bautiza el rocío, y es su templo,
el Caos con su grandeza apocalíptica;
mansión del super-Dios; altar etéreo.
—¡Ya nace un año más! —dice Diana
brindando con el Sol, copón ardiendo,
que eleva con su mano triunfadora
desde el Atrio de Oriente; estalla un beso
que lo lanza el Amor... y la Alborada
se envuelve entre sus túnicas de incendio,
mientras el día nimba de colores
el panoramma azul. Sonríe Invierno.
La humanidad imbécil con sus vítores
saluda desde el mundo al año nuevo
y la naturaleza inagotable
le amamanta con savia de su seno.

La Esperanza le mira con angustia;
la Fuerza echa a reír; tiembla el Progreso;
la Paz suspira; la Igualdad en tanto
lanza una maldición; se oye el lamento
que exhala la Honradez en las buhardillas;
pugna el Trabajo por romper los hierros
de su cadena vil; se ve en el lodo
como un gusano revolcarse al Pueblo
que tiene, harto de yugo y de miseria,
fiebre de dinamita en el cerebro...
y en su carrera de onzas, coronado
con diadema imperial, llevando un cetro
macizo de brillantes y rubíes,
como un César o un Dios, pasa el Dinero.

....

El Filósofo piensa: —«¿Es algo? ¡Nada!
¿Qué es lo que significas, año Nuevo,
entre la Eternidad?». ¡No eres ni el átomo
que el aire mece! En el Reloj eterno
vales mil veces menos que un segundo
del horario del hombre. En lo pequeño
no hay algo a lo que puedas compararte;
un «algo» es colosal; ¡aun eres menos!
La Juventud cavila: «¡Eres el triunfo
de mi placer; apoteosis regio
de la procreación, en tu holocausto
flotarán nuevos seres de mi cuerpo...
e iré unciendo tus días y tus horas
con cadenas de flores y de besos!».
Dice la Senectud: «¡Yo te saludo
doblando hacia la tierra mi esqueleto;
eres el peristilo de mi cripta,
eres mi enterrador, eres mi féretro!
Noto que ya fermentan los gusanos

bajo mi vestidura de pellejo;
yo sé que has de tejerme con tus noches
una mortaja negra: solo ruego
que me arranques del cráneo las ideas;
¡queman como rescoldo!». Y dice el Tiempo:
«¡Un año más de la Barbarie humana!
sigue la Edad de piedra; un cafre nuevo.
Así guerrean los hombres. Los Caínes
visten de magistrados y guerreros;
santifican el Maúser y la Horca,
hacen del Océano un Coliseo,
del campo del honor un spoliarium;
matan y juran entre rezo y rezo
y convierten la tierra creadora
en palacios de búhos y de cuervos,
los únicos amigos de las tumbas,
los únicos amantes de los muertos;
esas dos majestades de la noche
que van en recepción al cementerio...
Todo es convencional y todo rige:
Conciencia, Patria, Aristocracia, Infierno,
Justicia, Fuerza, Jerarquías, Leyes,
Honor, Banderas, Religiones, Cetros,
solo la Inteligencia y el Cariño
son los supervivientes de los tiempos;
can ellos dos se escalarán las nubes;
con ellos dos se invadirán los cielos.
El Corazón y el Cráneo; dos grandezas
que tutean a Dios; son dos fragmentos
de su divino ser; el mundo en masa
es pobre y vil para guardarlas dentro;
para ellas dos, se necesita espacio:
lo llenan todo; ¡inmensidad en pleno!»
...La luz del Primer día

se encuentra en el Cenit; el año Nuevo
fecunda ya la tierra; baña el Orbe
una ola vital; incuba Enero,
las venas y las plantas. Continúa
la floración eterna. Canta el viento.
Se oye la carcajada de la Orgía,
se sonríe el Amor. Palpita un beso,
y entre flores, se yergue la mañana
brindando con el Sol, ¡copón ardiendo...!

ANTE LA DERROTA DE MONTOJO, EN CAVITE

En la bahía entró. —¡Le «embotellaron»!—
todos a voz en grito prorrumpieron
Los enemigos «yanquis» le siguieron
y con potente escuadra le cercaron.

De nuestras pobres naves se mofaron;
su aciago fin unánimes previeron...
Y pronto todos por seguro dieron
el desastre español que presagiaron.

¿Cómo luchar con tan maldita estrella
y hacer que la bandera se salvara?
Solo hubo un medio: el de morir con ella.

Y antes que el enemigo lo pensara...
...¡rompió el pobre almirante «la botella...»
¡y se tiró los vidrios a la cara!!

Madrid, mayo, 1898

José María García Collado

Extremeño —como Espronceda, con quien tuvo cierta afinidad espiritual— aunque recriado en Madrid. Un trasatlántico le volcó, en plena juventud, sobre Manila. Comenzó a versificar. Desde 1887 colaboró asiduamente en el diario *La Oceanía Española*. Publicó un volumen, *Leyendas filipinas*. Le inspiró la musa ebria de Poe y Verlaine. Fue desdichadísimo, tormentosa su vida. Le acorralaron las acerbidades. Conoció la cárcel. «Descansó» —que paz le fue la muerte— alrededor de los treinta años, abril de 1890. Siete años después de muerto, sus admiradores, y los de Manuel Romero de Aquino, publicaron una selección de composiciones poéticas de ambos bajo el título *Homenaje a dos poetas*. Manila, 1897, con prólogo de Manuel María Rincón, ilustre periodista español de las islas.

A MANILA

Pobre bardo, hoy a tus pies
vengo a ofrecer mis cantares.
Rica perla de dos mares,
si humilde la ofrenda es,
tú ya ves
que, inspirada en tu belleza
y reflejando tu historia,
tiene por timbre de gloria
la sombra de tu grandeza.

Años ha que mi navío,
después de tender la lona
y recorrer la ancha zona
de la mar a su albedrío,
cedió pío
de mi afán al hondo anhelo.
A tus playas se acercó
y benigno me dejó,
Manila, sobre tu suelo.

Aunque de España alejado,
nunca de la patria lejos,
mirando en ti sus reflejos
quedó mi afán consolado.
¡Sea loado
Dios, que consiguió juntar,
pedazos tan divididos,
que siempre han de estar unidos
aunque los separe el mar!

¡Allá la remota ola
besa los lindes de España!

¡Aquí la mar besa y baña
tierra también española!
Arrebola
Sol de gloria el tierno abrazo
y el alma se alegra al ver
que jamás se ha de romper
ese sacrosanto lazo.

La imaginación inquieta,
al contemplar tal unión,
enciende la inspiración
en la mente del poeta.
Noble, reta
al bardo, que acude al duelo
y al herir la egregia lira
copia, a la luz que le inspira,
cantares que oyó en el cielo.

¡Cómo a la noche callada
le place el verte ¡oh Manila!
hermosa, alegre y tranquila
cabe la mar reclinada...!
Ver la agrada,
cuando sube la marea
la ola que al llegar se ve,
como por besar tu pie
se deshace y forcejea.

No le pareces sultana
de belleza caprichosa:
le pareces, más hermosa,
antigua virgen cristiana...
Soberana,
al ver doblar tu cabeza

sobre tu brazo a la noche,
flor eres que cierra el broche
para ocultar su belleza.

¡Como encierras y avasallas
de tu pasado el blasón!
¡Bien lo dice el cinturón
que te ciñen tus murallas!
Derribarlas
quieren, con feroz piqueta...
¡Arrancarte el blasón regio!
¡De tan torpe sacrilegio
protesto como poeta!

Al mirar la majestad
de tu encastillado busto,
se presiente algo de augusto
que ha quedado de otra edad.
La impiedad
no quitará en sus conjuros
y esfuerzos extraordinarios,
la cruz de tus campanarios,
ni la piedra de tus muros.

¡Salve, cristiana amazona
que tras de tantos afanes
dio el ilustre Magallanes
de mi España a la corona!
Si blasona
tu pecho de real nobleza,
rica perla de dos mares,
no desdeñes los cantares
con que ensalzo tu grandeza.

Movido de anhelo santo,
voy rebuscando en tu historia
los anales de tu gloria,
copiándolos en mi canto.
De su encanto,
que ninguna sombra empaña
tendrá valor y nobleza,
porque al cantar tu grandeza
también canto la de España.

Pobre bardo, hoy a tus pies
vengo a ofrecer mis cantares.
Rica perla de dos mares,
si humilde mi ofrenda es,
tú ya ves
que con profunda emoción,
de tu cariño al encanto,
también, al par de mi canto,
te ofrezco mi corazón.

¡FACILÍSIMO...!

Es hacer un soneto fácil cosa
que, en sabiendo rimar, hace cualquiera;
por más que más de uno considera
que es sobrenatural y milagrosa.

De su facilidad dificultosa
es el fondo la gracia verdadera,
Siempre el fondo; la forma es la manera
de dar al fondo una cubierta hermosa.

El que sin fondo y forma hace un soneto,
con que es cosa difícil no se escude,
su ignorancia ocultar queriendo agreste.

¡No lo fragüe si busca ser discreto,
porque hará, si lo fragua, no lo dude,
¡un soneto tan malo como éste...!

AMBICIÓN CESARISTA

Cruza del Rubicón al otro lado
turba adiestrada de agoreras aves,
y Céras, ambicioso, dice al verlas:
—«¡Roma es la gloria!»— Y tras la gloria parte.

¡Qué importa que a su paso rasgue el pecho
de la que fue su generosa madre!
Decís que es un mal hijo... ¿a qué ser bueno,
cuando es tan fácil el hacerse grande?

Murió la libertad. Al solio augusto
el tirano ascendió... ¡Vedle, arrogante,
convertir de la patria el cuerpo hermoso
en insepulto y colosal cadáver!

Roma era noble, y como noble, altiva...
Roma fue esclava, y como esclava, infame...
¡Y el mundo entero doblegó la frente
ante el mal hijo que humilló a su madre!

Por eso cuando leo las Historias,
reyes, emperadores y magnates,
se me figuran turba de bandidos
cruel y sanguinaria y miserable!

Hijos felices de la odiosa espada,
la tierra, a su capricho, se reparten...
¡Dióles vida la tierra! ¡Ellos, feroces,
se alimentan del cuerpo de la madre!

NOCHEBUENA DE 1887
      Fragmento

      Cede ¡oh Dios! cede en tu ira
      y mis desventuras mira
      con inmensa compasión.
      Derrama en mí tu luz pura,
      y libra de su amargura
      a mi triste corazón.

      Si el dolor con su agonía
      torna pura el alma mía
      ¡viva el dolor siempre en mí!
      ¡Y si es la herida honda y fiera,
      más y más y más me hiera,
      que quiero la muerte así!

      ¡Mas tanto sufrir no puedo!
      Algo en mí, que me da miedo,
      me es imposible arrancar...
      ¡Náufrago soy que, sin brío,
      en medio de un mar bravío,
      no logró al puerto arribar!

      Está el horizonte oscuro...
      El corazón inseguro
      siento, templando, latir;
      y el monstruo me empuja y roza
      y aunque cruel me destroza
      ¡me es imposible morir!

      ¡Terrible mar de la vida!
      Fiera sirte aborrecida,
      cuanto apacible falaz,

¿qué ley aquí nos encierra,
que nos tiene siempre en guerra
sin darnos nunca la paz?

¡Viene la ola! Sereno
busco una tumba en su seno
donde tranquilo dormir...
En vano, que otra ola avanza
fingiéndome una esperanza
y obligándome a vivir.

Y, sin este fin que ansío,
¿será mi destino impío
luchar y siempre luchar?
¿Existiré eternamente
combatiendo frente a frente
con las olas de este mar?

¿Habrá más horrible infierno?
¡Deseando un sueño eterno
eternamente existir!
¡Apiádate, Dios bendito,
de este dolor infinito
que tanto me hace sufrir!

Y de mi llanto deshecho
ten piedad: muerte y un lecho
prepárame con amor.
¡Tras de este vivir amargo,
dame un sueño largo, largo...
muy largo y reparador...!

Fray Graciano Martínez
Fraile agustino, muchos años residente en Filipinas, donde estuvo prisionero cuando la revolución de 1896, concluida en 1898 con la emancipación de las islas. Es asturiano, de Pola de Labiana. Dirige ahora en Madrid la revista *España y América*. Editó en Manila, 1901, el libro de versos *Flores de un día*, en el cual se han espigado los insertos a continuación.

FILIPINAS

¡Cantara yo la espléndida techumbre
que tu suelo cobija y hermosea
como un manto tejido de alma lumbre;

ese Sol que en tus cimas centellea
y en los torrentes vívidos te inunda
que su carro de luz relampaguea!

Cantara yo tu tierra floribunda,
donde en raudales inexhaustos mana.
¡Primavera su plétora fecunda;

esa vegetación rica y lozana
que te baña en color y poesía
como en rayos el Sol a la mañana!

¡Cantara yo tu mar, tu mar bravía
que, al romper en tus plantas sus cristales
te arrulla con su bárbara armonía;

cantara, en fin, tus brisas matinales
tus crepúsculos plácidos y hermosos,
tus magníficas noches tropicales...!

¡Cuál entonces mis versos sonorosos
como el limpio cristal de una cascada
fluyesen inspirados y armoniosos!

¡Como entonces mi musa arrebatada,
hasta donde tu cielo reverbera,
desde allí como alondra enamorada,

en divinas estrofas prorrumpiera
cantando de tus dones el tesoro
con ritmos de perenne primavera!

Pero los días son más bien de lloro,
no de adularte ¡oh pueblo filipino!
a los ecos de cántico sonoro.

Mientras, tal desatado torbellino
surque tu faz, el rayo de la guerra
alfombrando de escombros su camino;

mientras del llano a la escarpada sierra,
el acero traidor rompa tu entraña
y en sangre inunde tu bendita tierra:

mientras no enfrenes esa impía saña
que hoy ceba sus instintos destructores
en tantos hijos de la madre España;

mientras al Dios del Sinaí no implores
que tienda un velo a tu reciente historia,
nunca esperes ni aplausos ni loores.

¿Porqué engreírte con la vana gloria
de ver a tu Metrópoli vencida
ciñéndote el laurel de la victoria?

Aquí España cayó como el suicida
a quien del goce lúbrico el veneno
poco a poco arrancando fue la vida.

No surgió un solo ánimo sereno,
que al presentir tu arrollador embate

se lanzase a morir honrado y bueno.

¡Sí; bien lo sabes tú! No hubo combate
en que el león ibero haya lucido
el bélico furor que en su alma late.

Por viles redes de traición perdido,
en tus manos cayó, como el cordero
en los mercados públicos vendido.

No fue el atleta histórico, el guerrero
que cae en medio de la lid sangrienta
herido al golpe de mortal acero.

¡Me estremece de horror la vil afrenta!
Espurios hijos para quienes nada
es todo el odio que en el mundo alienta,

traición hicieron a mi patria amada,
mancillando su honor, que aun esplendía
con vivos resplandores de alborada.

¡Ah! si pudiese con la sangre mía
borrar ese baldón de tu memoria...
¡Hasta la última gota vertería!

¡No! No brotó en los campos de la gloria
el árbol de tu triste independencia:
nació como un aborto de la historia,

surgió como un hedor de pestilencia,
como el miasma mefítico de un lago,

como el mal de una pútrida conciencia.

No espere nunca el lisonjero halago
de inmarchito laurel tu saña impía,
nacida para el luto y el estrago.

Ni sueñes que la gloria te sonría;
que la revolución es el castigo
que Dios a un pueblo delincuente envía.
....
La fiebre de odios que tu pecho agita
ya es más que fiebre vértigo iracundo,
cráter que horrores sin cesar vomita.

¿Por qué, por qué, escandalizando al mundo,
se ensaña hasta en el mismo sacerdote
tu rencor despiadado y furibundo?

¿No temes, di, que el exterminio brote
del seno impuro de nequicia tanta
y con sus alas de huracán te azote?
....
No seas, no, como la débil hoja
que arranca a su merced el cierzo frío
que en Otoño los árboles despoja.

Sé cual la «narra»[43] de tu bosque umbrío
que, al ascender por el azul sereno,
lanza al baguio valiente desafío.

No desarraigues nunca de tu seno
el árbol santo que hoy tu furia ataca,
ni en tu ser inocules más veneno.
....

---

43 Árbol leguminoso, maderable, muy empleado en la construcción de moblaje.

El pájaro que vuela de su nido,
cuando aun el vuelo remontar no sabe,
cae por sus propias alas oprimido.

No sea símil de tu historia el ave.
No, al sacudir tu cuello una coyunda,
otra más dura y más senil lo grave.
....
Truene a lucir el templo sacrosanto,
vuelve a adorar su redentor emblema
¡o reinen por doquier luto y espanto
y flagele tu rostro al anatema!

Angelina de Molina del Pando
Española. Solo cultivó la poesía en Filipinas, colaborando para *El Mercantil* y otros periódicos de las islas, bajo el seudónimo de «Casandra». Aparece muy hermosa en el retrato que tenemos a la vista.
Murió, prematuramente, en 1917. Su madre, doña Ángela Perejamo, reunió los materiales para la colección de poesías de Angelina, rotulada *Siemprevivas*, editada en 1920 por la Casa Maucci, de la cual se han entresacado las que siguen:

TUS MANOS

Para mi hija

¡Manitas, las dulces
manos de mi nena!
Las manos mimosas,
rosadas, sedeñas;
las manos, divinas
como dos camelias,
que al acariciarme
parece que besan.

Manos adoradas,
juguetonas, tiernas,
como satinadas
manos de muñeca;
con la delicada
pura transparencia
que tienen las suaves
hojas de gardenia...

Manos adoradas,
como dos inquietas
diminutas brujas
locas y traviesas,
que lo mismo rompen
todo lo que encuentran,
que se unen pidiendo
perdón, cuando pecan...

¡Que sean las dulces
manos de mi nena,
las que cierren mis ojos
cuando yo me muera!

EL MARTIRIO DE MI VIDA

Son largos los días;
las noches, eternas...
¡Qué largo es el tiempo, cuando nos ahogan
en llanto las penas!

Los celos, como ascuas,
en mi alma penetran.
¡Son ascuas de fuego que todo lo arrasan,
que nada respetan!

Los celos traidores
son ráfagas negras.
¡Son arma de majo que hiere en la sombra,
donde no le vean!

No quiero sentirlos,
y me hacen su presa;
me dominan, se enroscan en mi alma...
¡Soy su prisionera!

Los celos son malos.
¡Ay del que los sienta...!
Yo tengo la senda erizada de celos
¡La muerte me acecha!

TU PORVENIR

Tras los cristales del jardín sombrío
pasar he visto tu perfil romano,
hundida en el landó, con tu mundano
gesto de burla, de desdén y hastío.

Reina en tu mundo, despreciaste el mío,
y cuanto te ofrecí resultó en vano.
¡Poseedora del cetro cortesano,
un hogar de virtud te causa frío!

Pasa, pasa, mundana incorregible,
que corres ciega tras el imposible
placer que anhela tu alma pecadora...

Yo he de verte, más tarde, envejecida,
sollozar el recuerdo de tu vida
sumida en tu vejez desoladora.

FLOR VALENCIANA

Has nacido en la huerta de Valencia
hueles a naranjal y a limonero,
y en tus ojos, de encanto zalamero,
brilla como una estrella tu inocencia.

Llena la Huerta tu gentil presencia
y encantas con tu gracia al mundo entero,
haciendo resbalar por el pandero
tus dedos, que de nardos son la esencia.

La Huerta con sus flores te engalana,
y hay algo en tu belleza valenciana
que encanta, y estremece, y enamora.

Pareces de un sultán la favorita,
y toda tu persona clama y grita
que corre por tus venas sangre mora.

Joaquín Pellicena y Camacho

Hijo de catalanes, nació en Valladolid (1879), y muy niño le llevaron sus padres a Filipinas, donde ha morado alrededor de treinta años. Cursó el bachillerato en el Ateneo municipal de Manila. Allí nació su afición al arte literario, componiendo versos desde la adolescencia. Antes de cumplir los veinte años, fundó y dirigió en Manila *El soldado español*, luego *La Unión Ibérica* y más tarde el diario *El Noticiero de Manila*. Fundó después la revista *Cultura Filipina*, y fue redactor jefe de *El Mercantil*. Volviendo a España hace pocos años, se estableció en Barcelona, donde dirige ahora *La Veu de Catalunya*.

ASPIRACIÓN

En esas horas de inefable calma,
cuando las nubes, al morir, colora
el rojo Sol, y estremecida el alma
inquiere, meditando, soñadora,
ese tenaz misterio de la vida
que engendra de la duda roedora
la imagen maldecida...
¡cuántas veces, del mar en la presencia,
y escuchando su música salvaje,
creía, entre el rumor del oleaje,
los gritos percibir de la conciencia!

Cuando vencido el pensamiento gime
y la razón ya vacilante calla;
con ímpetu sublime,
que no sé si condena o si redime,
la idea en luces de color estalla.

Con suave arrullo o con feroz empuje,
como la lira acaso del poeta,
el mar, o canta o ruge,
y en su canción o en su rugido inquieta
finge la mente del absorto vate
recuerdos de un ayer que va pasando,
de su lira en las cuerdas evocando
los «gritos del combate».

Casi olvidado de la humana escoria,
de amor henchido el corazón ardiente
y mintiendo los nimbos de la gloria
en la marchita frente,
del bardo las hermosas ilusiones

inventan, en el mundo, el paraíso...
¡Fantásticas ficciones!
Piadoso Dios, para humillarle, quiso
que el mar, con estridente carcajada,
hiciera resurgir en su memoria
todo el recuerdo de la duda odiada,
trasunto de su historia.

Y después, con desprecio,
en la augusta agonía de la tarde,
se ríe el hombre de su orgullo necio
que quiso hacer de indiferencia alarde,
pues mientras vive, lucha, y es al cabo,
César potente o miserable esclavo,
lidiador en la vida, aun el cobarde.
Siempre el mortal, en su inquietud batalla;
y mártir o verdugo,
vencido o vencedor, en la lid halla
lauro esplendente o vergonzoso yugo.

Mas no calma el infinito anhelo
de la idea rebelde o redentora;
si se apagan los astros en el cielo,
la luz presiente de la nueva aurora.

Por eso, el alma mía,
para llenar ese vacío horrible,
a otras regiones ascender ansía...
mas ¡ay! ¿será posible?

EVOCACIÓN

¿Porqué, cuando la noche perezosa
envuelve la ciudad en el misterio,
así me atrae la olvidada fosa,
perdida en un rincón del cementerio?

¿Porqué voy a rezar sobre esa tumba
donde duerme el pasado, si me deja
hasta el insecto que en los aires zumba
en el alma la cifra de una queja?

Fue ayer cuando murió la pobre Rosa.
¡Fue ayer cuando murió! ¡la amaba tanto
que busco siempre su olvidada fosa,
perdida en un rincón del camposanto!

Con rudo golpe mi contraria suerte
me hirió, cuando en el cielo me creía;
el dulce idilio interrumpió la muerte...
¡y nadie compartió la pena mía!

Por su belleza y su bondad vencido,
aún vive su recuerdo en mi memoria,
mas mi ventura para siempre ha huido
desde que el ángel retornó a la gloria.

No lo puedo olvidar; amanecía
y el Sol, de luz en lágrimas deshecho,
hasta la alcoba penetrar quería
y besar su cadáver en el lecho.

¡Pasó como las nubes del estío!
después ¡la realidad...! una mortaja...

un cuerpo inerte, inanimado, frío,
que encierran sin piedad en una caja...

Como valor fingía, de mis ojos
el llanto contener pude un instante;
para no ver sus míseros despojos
oculté entre mis manos mi semblante.

Alcé luego la frente, mas no estaba
su cadáver allí. ¡Vana porfía!
¡Ya su cuerpo en la tierra descansaba!
¡Ya en una tumba su beldad yacía!

No para hacer de mi pasión alarde,
para hallar fuerzas en la lucha acaso,
al templo de la muerte por la tarde
del triste día dirigí mi paso.

Lloré sobre su abierta sepultura
aquel perdido bien que tanto amara...
¡Nunca pude pensar que mi ternura
tanto placer en el dolor hallara!

Y desde entonces, de la noche umbrosa,
envuelta la ciudad en el misterio,
así me atrae la olvidada fosa
perdida en un rincón del cementerio.

CANCIONERO DE MANILA
Las calles de intramuros

Cuando paso por las calles de Manila, me parece
que resurgen intramuros los recuerdos del ayer;
en la vaga somnolencia de la tarde que anochece,
evocando voy memorias de heroísmo y de poder.

Veo lanzas y arcabuces, veo picas y banderas;
oigo vítores y pasos en ruidosa confusión,
desfilando por mi mente las legiones altaneras
de Legazpi y de Salcedo, Lavezares y Chacón.

A mis ojos con visiones de centurias idas brindo
y me abstraigo de las gentes y costumbres de mi edad,
sorprendiendo a don Alonso cuando, al pie del tamarindo,
de su esposa Catalina castigó la liviandad.

Las aceras animadas van poblándose de seres
que en las místicas edades esculpieron su vivir;
a la luz de la leyenda pasan hombres y mujeres,
con sus gozos y sus duelos, su llorar y su reír.

Una dama que en el manto se arrebuja el lindo talle
se ve entrar en una iglesia; y, al oírse la oración,
un hidalgo que se para en la esquina de una calle
y el chambergo se destoca con cristiana devoción.

Por los claustros vagan sombras pensativas de doctores
que escribieron en las celdas o incensaron el altar;
y del Sol a los postreros moribundos resplandores
a un alféizar asomado se ve a un fraile meditar.

El espacio hienden torres de la iglesia redentora

que la cúpula cobija con los brazos de la cruz
y del fondo de los siglos va la chispa inspiradora
encendiendo en las conciencias los destellos de su luz.

Con monjiles atavíos, tras las tapias del convento,
se presiente que va pronto María Clara a parecer,
evocando soñadora, ya dormido el pensamiento,
la azotea do hizo Ibarra sus mejillas florecer.

Allá enfrente se divisa de la Fuerza de Santiago
el histórico recinto, de almenaje señorial,
que con fúnebres tapices enlútose el día aciago
que vio arder entre sus muros la capilla de Rizal.

¡Ah! ¡Que apague la Discordia de su tea fratricida
los impúdicos fulgores, el maldito resplandor!
¡Que la Muerte no separe lo que júntase en la Vida!
¡Que los hombres no desunan lo que uniera el Creador!

Ni separa ni desune. Su cristiano testamento
fue la síntesis suprema de la unión espiritual
de dos pueblos que son uno, por la Fe y el Pensamiento;
que son uno en los amores y en el verbo de Rizal.

Y así fue. Cuando caía de los mástiles gloriosos
la bandera que la cuna de Rizal empavesó,
el espíritu hermanado de dos pueblos generosos
en la mente libertaria de Rizal nidificó.

Carlos Peñaranda y Escudero
Nació en Sevilla el 7 de abril de 1849 y murió en Madrid, 19 noviembre 1908. En su ciudad natal publicó, muy joven, su primer libro. Luego varios en Madrid, prologado por Víctor Hugo el rotulado *Cantos del pueblo*. Por entonces alcanzó Peñaranda mucha boga en la corte como poeta. En Filipinas, ejerciendo altos cargos administrativos, residió durante dos etapas: alrededor de 1887, en que fundó *La Opinión*, diario de espíritu Iberial, que murió al tornar Peñaranda a España; y de 1891 a 1898, colaborando entonces en varios periódicos manileños, y con mayor asiduidad en *El Comercio*. Al estallar (1896) la insurrección, organizó la guerrilla de voluntarios de San Miguel, a cuyo frente asistió a la toma de Silang (febrero, 1897), otorgándosele la placa de la cruz roja del Mérito Militar. En Manila estampó cuatro libros: *Prosa*, *Más prosa*, *Poesías selectas* y *Por la Patria*. Por su probidad como funcionario y su cultura excepcional, mereció el respeto de españoles y de filipinos.

AL CUMPLIR CUARENTA AÑOS

¡Adiós, auras de gloria y de poesía
dulces errores y tiranos dueños!
¡Adiós, por siempre, altísimos empeños
luchas sin galardón, noches sin día!

Roto el encanto, la conciencia fría
ve alzarse, hoy burladora, ayer risueños,
tiempos que fueron ya —sueño de sueños—
del porvenir la negación sombría.

Ver la felicidad y no alcanzarla,
correr tras de la gloria y no obtenerla,
tener un alma libre, esclavizarla...

¡Vida que no es ni nuestra al poseerla,
no vale el torpe afán de conservarla,
ni el miedo miserable de perderla!

A UN PALO DEL TELÉGRAFO

Ayer monarca de los bosques eras,
dispensador de sombra regalada,
lecho hojoso del aura enamorada,
bulliciosa ciudad de aves parleras.

Hoy, triste, escueto, ni volver esperas
a tu pomposa juventud pasada;
de desnudez imagen desolada,
y esqueleto de muertas primaveras.

Mas no llores tu verde lozanía,
ni las ausentes auras voladoras,
ni tu diadema de follaje vano.

Hoy de un gran porvenir marcas la vía;
tus auras son palabras vibradoras
y tu corona el pensamiento humano.

Ángela Perejamo Morales
Española, con larga residencia en Filipinas. Madre de la poetisa Angelina Molina de Pando «Casandra». Vive en Cebú, islas Bisayas. Juntó los materiales para *Siemprevivas*, la obra poética póstuma de Angelina, publicando al frente de aquélla la siguiente composición «A la memoria» de su hija, de factura muy clásica.

A LA MEMORIA DE MI HIJA

Ya todo terminó; ya te marchaste;
ya no estás a mi lado;
ya se abrieron tus alas y volaste
a la inmensa región de lo ignorado.

¡Que triste, Lina mía,
nuestra casa quedó! Tú te has llevado
nuestro afán de vivir, nuestra alegría,
la esperanza de todo lo soñado
cuando estabas en nuestra compañía.

¡Quién decirnos pudiera
hace muy poco tiempo, quién pensara
que tu voz para siempre enmudeciera;
que tu risa por siempre se esfumara,
que tu cuerpo de tierra se cubriera!

¡Qué horroroso tormento
el que junto a tu lecho hemos pasado
queriendo aminorar tu sufrimiento!

¡Y éste de hoy, en que tristes, desolados,
sin poderte apartar del pensamiento
nos vernos, sin tu amor, abandonados!

Sí, como yo confío,
desde el mundo mejor en donde moras,
ves nuestro llanto y este dolor mío,
¡consuélete el saber que a todas horas
al miramos sin ti, sentimos frío!

¡Y qué pena tan fiera

es para mi pensar que no has logrado
ver realizada una ilusión que era
algo hermoso que tú habías soñado
desde los tiempos de tu edad primera!

¡Pobre consuelo el mío;
el de juntar de tu fecundo numen
las frases que leer no puedo en calma
e imprimir con mi orgullo este volumen
en el que van pedazos de tu alma!

¡Ah, si saber te es dado
lo que pasa en el mundo que perdiste
verás el fuego con que se te ha amado,
pues desde el día horrible en que partiste,
el dolor de los tuyos no ha cesado!

Que tal vacío dejas
en el pecho de cuantos te han querido,
que aunque inútiles son todas sus quejas,
añoran siempre el dulce bien perdido,
y más te adoran cuanto más te alejas...

Cebú, octubre 1919

Manuel Romero de Aquino

Andaluz. ¿Sevillano? Hizo estada larga en Manila, donde casó y engendró prole. Murió en diciembre 1894, y a poco el Ayuntamiento acordó dar su nombre a una calle de la ciudad. Dos años antes de su óbito publicó el libro primero —y único— de su *Romancero filipino*, obra hermosa y definitiva. La dedicó al general Despujols, capitán general de las islas. Este y Gutiérrez de la Vega, director general de Administración, y Mecenas de Romero, lograron que el Estado adquiriera, con destino a las escuelas, buen golpe de ejemplares. Fue un medio delicado de remediar la penuria del poeta, hombre inadaptado, incapaz de sujetarse a escritorio u oficina, ni a ninguna suerte de trabajo vulgar. Escribió con intermitencias. Le faltó la espontaneidad y el vigor de García Collado, su émulo; pero le superó en sentimiento y corrección y en cultura literaria.

PERDÓNAME...

¡Perdóname, bien mío!
De inmenso amor arrobadores cuentos
nos relataba el río:
aún palpitaban del ardiente estío
en las fugaces auras los alientos.

Con cántiga amorosa,
daba su adiós al espirante día
la alondra melodiosa:
bajo inmenso dosel color de rosa
Héspero, rutilante, sonreía.

El astro soberano
al descender tras el roquero monte
que cierra el fértil llano,
trasunto hermoso del Edén cristiano
dibujaba en el mágico horizonte.

Tus ojos, como espejos
reflejaban también aquellos rojos
y dorados reflejos:
tu mirabas allá, lejos, muy lejos...
y yo te devoraba con mis ojos.

¡Perdóname, bien mío!
Todo invitaba amores, alegría,
demente desvarío:
la tierna alondra, el murmurante río,
el Sol de ocaso, el fugitivo día.

¿Quién se hubiera cuidado
de humanos males ni mundanos dolos?

Tú al mío, yo a tu lado,
¡solos, mi bien! hubiéramos estado,
sin nuestro tierno amor, nosotros solos.

«Mi amor a ti —decía—
arderá como el Sol que siempre arde:
ese Sol, alma mía,
da en otros horizontes vida al día
que aquí mata en los brazos de la tarde.

Sus alas extendiendo,
la plúmea turba al aire ofrece en salva
sonoroso estruendo,
la tarde aquí con pena despidiendo,
allá dichosa saludando al alba.»

El día, agonizante,
suspiraba quizá por la luz pura
que, al sonreírme amante,
derramaba en mi pecho palpitante
de tu mirada intensa la ternura...

¡Perdóname, bien mío!
Todo, menos tu faz y mi alegría,
tornábase sombrío:
calló la alondra, adormecióse el río,
bajó al abismo el Sol, expiró el día...

—«Qué dichosos instantes,
viendo el alba nacer en esos otros
horizontes distantes,
las almas gozarán de dos amantes
tan felices tal vez como nosotros.

¡Ellos más...! Aquí mata
nuestro bien, la que odiamos, noche impía;
allí la aurora grata
que en fúlgidos torrentes se desata
les ofrece de amor entero un día!»

Tus frases de amor llenas,
desbordaron, rompiendo de mi calma
las frágiles cadenas,
un mar de hirviente lava por mis venas
y otro mar de delirios por mi alma.

¡Perdóname, bien mío...!
Pusieron contra ti del alma mía
en el volcán impío,
su amor la alondra, su murmurio el río,
su ausencia el Sol, su negra noche el día.

Cediendo tu fiereza
en mi seno estreché con embeleso
tu celestial cabeza...
¡Y el último fulgor de tu pureza
partió con el rumor del primer beso...!

¡ADIÓS, LA NAVE!
Fragmento

Ya se ha borrado la estela
que bordaba aquella nave,
que al impulso de su vela,
sobre los abismos rueda
rauda y gentil como el ave.

Ya en lid con los elementos
en el ancho mar a solas,
no traen hasta mi los vientos
los rumorosos lamentos
de aquellas vencidas olas;

y apenas la vista alcanza
su velamen arrogante,
que se ofrece a semejanza
de blanco espectro gigante,
alzándose en lontananza.

¡La nave...! ¿Quién sabe cierto
si los que surcando van
de los mares el desierto
llegarán salvos al pueblo?
¿Quién sabe si volverán?

¿Quién sabe si el mar aborda
detrás del eco postrero
de la canción lenta y sorda
que, recostado en la borda,
canta el bravo marinero?

Mi ser tras de ti se lanza;

solo allí, en la inmensidad,
el alma a entrever alcanza
de su insegura esperanza
la anhelada realidad.

Del infinito en presencia,
solo la vital esencia
puede sentir explicable
el eterno e insondable
misterio de la existencia.

Volemos, nave querida,
lejos del mundano lodo;
la inmensidad nos convida,
y siento que es dulce todo
lo que aleja de la vida.

Las aguas del mar envuelve
en su seno y sube, sube,
y otra vez se las devuelve
cuando en lluvia se resuelve,
limpias y dulces la nube.

Y es que del mar la amargura
al subir de si destierra,
y el agua es tanto más pura
cuanto mayor es la altura
que la aparta de la tierra.

¡La nave, Adiós! Muere el día
y plácida noche en calma
su primer beso te envía:
al mundo paz, a mi alma
profunda melancolía...

A MI LIRA

Amaremos a la aurora
que arrulla tierna a los días
en la cuna,
y a la tibia luz que llora,
llena de melancolías,
blanca Luna.

A las gotas de rocío,
que engalanan con diamantes
a las flores,
y al que alegra el bosque umbrío,
gorjear de los amantes
ruiseñores.

De las líquidas serpientes,
las de espumosas escamas,
los acentos,
y las selvas y las fuentes
y las hojas y las ramas
y los vientos.

Al celaje caprichoso
que de mil raras visiones
formas toma;
y al arrullo cariñoso
con que alegra a sus pichones
la paloma.

A la noche, cuyos duelos
en su manto de topacios
lleva escritos;
amaremos a los cielos,

amaremos los espacios
infinitos.

Amarás tú mis canciones,
yo el encanto que suspira
tu ternura;
tú mis versos, yo tus sones,
tú a tu dueño, yo a mi lira
¡qué ventura!

Almas para el bien nacidas
que perdidos sus lamentos
gimen solas,
naves son ¡ay! sumergidas
al embate de los vientos
y las olas.

¿Lloras mi lira? ¿Estás triste?
No nos suma en sus abismos
la amargura.
Dios nos dio el raudal que existe
dentro de nosotros mismos
de ventura.

Lloraremos la alegría,
reiremos indiferentes
los enojos.
Y agotáranse algún día
tus suspiros y las fuentes
de mis ojos.

Yo te daré mis canciones;
tú la voz que en mi ser deja
dulce calma;

yo mis versos, tú tus sones;
yo un ¡ay! triste, tú una queja,
¡yo mi alma...!

ROMANCERO FILIPINO

XV
　　　　　Regalo son de los ojos,
　　　　　haciéndolas menos densas
　　　　　y bordando de la noche
　　　　　las misteriosas tinieblas:
　　　　　un luminoso suspiro
　　　　　de la Luna macilenta;
　　　　　¡del astro que lejos muere
　　　　　la despedida postrera!
　　　　　la luz temblorosa y pura
　　　　　de mil millares de estrellas
　　　　　que errantes chispas encienden
　　　　　sobre las ondas serenas;
　　　　　huyendo de los esquifes,
　　　　　murmurándoles sus quejas,
　　　　　fosforescentes espumas
　　　　　por irritadas más bellas;
　　　　　nieve, purísima nieve,
　　　　　dormida en las aguas quedas
　　　　　y que azoran, de los remos,
　　　　　las sacudidas violentas:
　　　　　destellos que multiplican
　　　　　las armas de los cincuenta
　　　　　que van a Máctan, del Régulo
　　　　　a vengar la grave ofensa,
　　　　　y que en la costa enemiga
　　　　　marcaran, antes, sus huellas,
　　　　　de que las nocturnas sombras
　　　　　avergonzadas por feas,
　　　　　se escondan viendo del alba
　　　　　la blanca faz hechicera.
　　　　　¡Avanzan como los vientos
　　　　　las navecillas ligeras,

y presto en Máctan embisten
de la playa las arenas:
Hernando de Magallanes
dictó consigna severa
y desembarcan los bravos
de sombras con apariencias;
porque tal es el silencio,
que no se mueve una lengua
ni para alzar sus ruidos
tienen las armas licencia,
y de los mismos esquifes
enmudecen las maderas
y hasta las olas acallan
el rumor de la marea;
que las órdenes de Hernando
no quieren desobediencias...!
¡Es todo inútil; al punto
se oyen las voces aquellas
agudas, desapacibles,
que repetidas se alejan
lo mismo que las del eco
volando de sierra en sierra,
con las que anuncian los indios,
habiendo ocurrido apenas
la cautelosa llegada
de la falange extranjera;
mostrando con sus aullidos
y con vivir tan alerta,
que nunca abrigaron duda,
antes tuvieron certeza
de que los de España irían
a castigar la insolencia
del altanero cacique;
sin afligirles más pena

que no poder de los tiempos
quebrantar la ley suprema,
acelerando las horas,
para sus ansias tan lentas!
que han de aguardar impacientes
antes de lavar su afrenta.

Al ver burlado el misterio
con que trataban ausencia
mentirles, juzgan más próxima
la vengadora refriega,
y al viento dan los aceros,
apóyanlos en las piedras,
y de las lucientes hojas
probando la resistencia,
llegan a poner las puntas,
de las guarniciones cerca;
y al clavarlas en el suelo,
sienten hervir en las venas
de sus abuelos la sangre,
que fue su mejor herencia,
y acariciando la santa
memoria de sus proezas,
murmuran —«¡desperta ferro!»—
siguiendo la usanza vieja.

Forman un compacto grupo
dispuestos a la pelea:
bostezan los arcabuces
mostrando sus bocas negras;
que ansían vomitar muerte
y les aburre la huelga:
suena el clarín sacudiendo
de su mudez la vergüenza,

y a su son acude el día,
precedido de la incierta
luz del alba, como nuncio
de su próxima presencia.

Ven entonces los guerreros
de enemigos nube inmensa,
llenando apiñada masa
toda la tendida cuesta
desde donde acaba el llano
hasta donde el bosque empieza.

La viviente mancha oscura,
las incontables ballestas
las innumerables lanzas
juntas cual lluviosas hebras,
todo oscuro como el bosque
que guarda sus madrigueras,
todo inquieto cual las ramas
que sacude la tormenta,
preséntase prolongando
la espesura de la selva.
¿Qué es aguardar? Magallanes,
al ver que con impaciencia
por la cifra de contrarios
multiplica su fiereza,
dirigiéndose a su hueste
dice las razones éstas:
—«El santo nombre de Cristo,
la noble gracia del César,
y la gloria de la patria
y la limpia fama nuestra
los estáis viendo ultrajados
por aquella vil caterva,

y de su venganza os hacen
la generosa encomienda.

Los que nacen en España
solo conocen dos sendas:
o morir, para honra propia,
o vencer, para honra de ella.

Cuanto hasta el presente hicimos
va jugando en esta empresa;
ved lo que puede costaros
un momento de flaqueza.

La causa que sustentáis,
de batallar la experiencia,
el corazón y las armas;
toda la ventaja es vuestra.

¡Compañeros!, ¡nuestras glorias
son de los salvajes presa;
vamos por ella, llevando
rayos de acero en la diestra,
el agravio, en la memoria
y la fe, en la Providencia!»—

El grito de «Dios y Patria»
ruge la hueste de Iberia,
y al punto hacia el enemigo
emprende veloz carrera
estremeciéndose, altiva
y feroz, con la soberbia
de leones irritados
que sacuden las melenas;
los alaridos del indio

turban la región serena
del aire, y la muchedumbre
de los contrarios, inquieta,
en sinuosas oleadas
agítase, a la manera
con que a los ojos se ofrecen
las ondas altas y lejas,
o las mieses que combaten
los vientos de la pradera.

Forman cerrada techumbre
en el espacio las flechas
despedidas por los indios
con vigorosa destreza,
y de las finas corazas
el temple ponen a prueba,
hasta parecer dudoso
lo eficaz de su defensa;
llegan, hieren y rebotan
sin un instante de tregua
y es pavoroso redoble
el que sin cesar resuena,
imitando el que produce
de granizo nube espesa,
cuando los vidrios azota
con iracunda violencia.

Ruge de los arcabuces
la detonación siniestra
y ante sus fuegos los indios
de vacilación dan muestra;
más, prestos, cual si escuchasen
amenazadora arenga,
con nuevo aliento sacuden

la momentánea tibieza,
y los que detrás combaten
cierran sin temor las brechas
en que rompe el plomo hirviente
las avanzadas hileras,
y no cede de los indios
la pertinaz resistencia,
y van pasando las horas,
y aquella humana barrera
si cien veces viene al suelo
otras cien se alza más recia.

Sobre el enemigo bando
corre la mesnada ibera,
empeñándose la lucha
más fragorosa y sangrienta.

Las incansables espadas
relumbran como centellas,
y dan a sus rudos golpes
robustas lanzas respuesta;
saltando bajo las mazas
las armaduras deshechas,
por el campo estremecido
hacen abundante siembra
de hombreras, petos, celadas,
brazaletes y escarcelas.

¡Los de España sus aceros
con ambas manos aferran,
y a su filo no resisten
las enemigas rodelas,
y divide el mismo golpe
hasta el pecho las cabezas,

y parece, al descargarle,
que surge de una caverna
el ronco aliento, imitando
esa saña, ese ardor, esa
respiración del labriego,
ruidosa, cuando maneja
el hacha y gigante tronco
desmenuza en leves leñas;
y para espantar las almas
abren tan cumplidas puertas
que al salir, aún las más grandes
se sienten harto pequeñas:
todo fuego, todo llamas,
lumbre todo en la contienda;
las rojas chispas que al choque
de los hierros centellean,
los rayos de las pupilas,
el ardor de la ira ciega,
el resuello incandescente,
el mar de sangre que humea...!

Al fin, el tesón desmaya
de su brava resistencia
y las enemigas turbas
guarecense en la floresta,
de mortal pavor transidas,
arrastradas y dispersas,
como al rugir de los vientos
las pálidas hojas muertas,
cumpliéndose la de Hernando
a Amábar brava promesa.

Tras de ellos los españoles,
con bien escasa prudencia,

prosiguiendo la victoria
van a la espesura negra,
y de los contrarios muertos
dificultando la cuenta
es cruel carnicería
la que fue función de guerra,
y es angustioso lamento
lo que fue rugir de fieras.

Apaga la luz del día
de humo negro nube espesa;
rásganla voraces llamas
incendiando la ancha esfera,
que a los deslumbrados ojos
miente tempestad horrenda,
y aquella sangre, que baña
monte y llano por doquiera,
parece la roja lluvia
de aquella nube bermeja.

¡La morada del cacique
y las vecinas viviendas
de los indios principales,
son solo incendiaria tea
a cuyo contacto el bosque
se inflama en gigante hoguera,
de la victoria de España
solemnizando la fiesta;
pero pronto aquella lumbre,
breves momentos risueña,
lo mismo que de las hojas
hace del placer pavesas,
y es antorcha funeraria
que alumbra con llama tétrica,

la realidad espantosa
de las humanas miserias...!

Seguido de algunos pocos
soldados, con marcha presta
Hernando de Magallanes,
siguiendo angosta vereda,
adelanta sin recelo,
ni cuidar de que la senda
se prolonga entre dos vallas
de impenetrables malezas,
cuando una lanza traidora
salida de entre las breñas,
rápida, pujante, aguda
como acerada saeta,
sin que su poder resista
la coraza milanesa,
de peto, espaldar y entrañas
desmiente la fortaleza,
y del pecho del caudillo
lanza el alma gigantesca;
veda el color al semblante
la savia de sus arterias
apareciendo en las armas
el carmín que al rostro niega;
cae el acero de sus manos,
alza una mirada inmensa
al cielo, ruge, desmaya,
y, cual coloso de piedra,
cuando a plomo se derrumba
hace trepidar la tierra...

Acúdenle los soldados
con estéril diligencia;

no salen los españoles
de la terrible sorpresa
vanas son las esperanzas;
sola su desdicha es cierta;
ino le tornan a la vida
juramentos ni querellas...!

Cuando cumple a la Fortuna
mostrarse con él espléndida,
le asalta traidora muerte,
le aguarda salvaje huesa;
pero logra el buen Hernando,
por preciada recompensa,
¡aquí abajo eterna fama
y allá arriba gloria eterna!

Luis Segura y Miralles
Alicantino, de Novelda, aunque originario de Valencia. Hace un cuarto de siglo reside en la provincia de Cogayán, donde se cosecha el más exquisito tabaco filipino, a cuyo negocio se consagra. Allí casó con una dama del país. Y allí, en sus ocios, pulsa la cítara.

EL OLVIDO

Por encontrar la fuente del olvido,
errante, por el mundo fui corriendo,
cuando un hombre de rostro venerable,
de hirsuta barba y de mirar severo,
cruzóse en mi camino, y apoyando
su flaca mano en mi cansado pecho,
—«¿dónde vas?, caminante» —preguntóme—.

—«Remedio busco a mi dolor acerbo;
beber ansío el agua cristalina,
que las penas disipa y los recuerdos.»

Lanzó el anciano horrible carcajada
y con temblona voz, como un lamento,
—«También yo un día —dijo— crucé el mundo
llagado por terribles sufrimientos...

Pero hallé al fin la fuente deseada.
Sigue esa senda —continuó el buen viejo—
y al llegar de aquel monte, a lo más alto,
verás cumplido, ¡oh, joven! tu deseo.»

Allá me encaminé, trepé a la cumbre,
coronada de aliagas y romeros,
y al tender la mirada en lontananza,
medio oculta entre sauces gigantescos,
erguida, vi una cruz, la cruz bendita
que el hondo sueño vela de los muertos.

1920

MI TESORO

       Guardo yo aquel mechón de tus cabellos
       como el devoto la reliquia santa,
       como el sórdido avaro su tesoro,
       como el proscrito guarda,
       en su triste destierro, los recuerdos
       dulces y halagadores de la patria.

       Y cuando estoy a solas, dueño mío,
       doy rienda suelta a mis mortales ansias,
       y aquel precioso rizo que tu frente
       un día engalanara,
       beso mil y mil veces amoroso,
       evocando tu imagen adorada.

       1921

SONETO CLÁSICO

Antes que el hilo de mi triste vida
corte la Parca inexorable, quiero
decirte, bella Inés, que por ti muero
de lanza de desdén el alma herida.

De mi oculta pasión la no extinguida
llama consume con ardor tan fiero
esta materia vil, que ansío y espero
verla pronto en ceniza convertida.

Y cual vuela hacia ti mi pensamiento,
irá hacia ti mi espíritu volando,
libre ya de dolor, con ansia loca,

a morir otra vez y mil, libando
el néctar delicioso de tu aliento
en la fresca amapola de tu boca.

José Toral y Sagristá

De linajuda progenie, nació en Andújar (Jaén) en enero de 1874. Huérfano muy niño, se trasladó a Manila en 1892. Allí estudió Derecho y comenzó a cultivar las bellas letras. Fue redactor del *Diario de Manila*. Publicó entonces *La musa y el poeta* y *Primeras notas* (verso) y *Tradiciones filipinas* y *El sitio de Manila* (prosa).

Volvió a la Península (1898), y concluida su carrera fue opositor a Notarías, con tan brillante resultado que obtuvo el número 2 entre los cien aspirantes aprobados, mereciendo una de las vacantes en Madrid. Volvió al Arte, después de diez años de apartamiento, con renovados bríos. Durante esta segunda época, que se inicia (1914) con «Cadena sin fin», poesía premiada en los Juegos florales del Escorial, ha publicado: Para el descanso (verso) 1917, y las novelas *La Cadena* (1918), *Poemas en prosa* (1919), *La sombra* (1920), *Flor de pecado, Un regenerador* (1921), *Horas sentimentales* (1922) y *El ajusticiado* (1923).

EN LA RENDICIÓN DE MANILA

Mi dulce musa, que el dolor inspira,
hoy entona canción de amargo acento
y pulsando las cuerdas de la lira
triste responde al nacional lamento,
lamento por los aires repetido
que es a la vez plegaria y es gemido.
De España en el pendón, siempre glorioso,
miro negros crespones,
fúnebres galas de terrible luto;
por eso entono triste mis canciones,
por eso rindo amante mi tributo.
Patria del alma, madre bien amada,
hoy con el alma triste acongojada
contemplo tu infortunio y tus pesares;
tu dolor es mi propia desventura
y te envío un saludo de ternura
desde el confín de los remotos mares.
Patria siempre querida:
hoy que lloras vencida,
tu imagen pura y santa
más y más en mi pecho se agiganta.
Y ¿por qué has de llorar? Llora si quieres;
pero no como lloran las mujeres,
lágrimas de dolor, llanto sublime
que al correr de los ojos nos redime;
llora como el león enfurecido
que mezcla a los sollozos el rugido;
llora al romperse el nacional poema,
mientras entonas funerario canto,
poniendo en los raudales de tu llanto
lágrimas de plegaria y de anatema.
．．．．．．．．．．．．．．．．．．．．．．．．．．．．．

Esa enemiga raza americana
te debe su existencia;
de tu inmenso valor y de tu ciencia
por ella hiciste espléndido derroche,
y apareció en la luz de la mañana
de entre las sombras de la oscura noche.
A cumplir tu misión ansiosa vuelas
con atrevida planta.
Tú lanzaste tus raudas carabelas
bajo la mano santa
de tus sagrados dioses tutelares,
y con ardor fecundo
hiciste que surgiera un nuevo mundo
de la revuelta espuma de los mares.
De la fecunda llama que alimentas
llevaste allí tus leyes
e hiciste cultas greyes
de las salvajes tribus turbulentas.
También clavaste allí la cruz sublime,
cruz de la redención, la cruz gloriosa
en que el amor divino reverbera;
la cruz que fortalece y que redime
y que siempre amorosa
del mundo los cadáveres espera.
Hoy esa tierra ingrata
los sacrosantos vínculos desata,
y con los ojos en el lucro fijos
logra que torpes hijos
hagan pedazos tu amoroso seno.
¡Oh, si Colón resucitar pudiera,
de su obra quizá se arrepintiera,
y con dolor profundo
aquel soñado y misterioso mundo
en los abismos de la mar hundiera.

....
Al dolor inclemente
no te abatas ¡oh Patria! alza la frente.
Tú no puedes morir, tú eres eterna
como el eterno Dios que nos gobierna.
Tú que distes al libro de la Historia
—página eterna de tu eterna gloria—
ejemplos de valor y de constancia,
los héroes de Sagunto y de Numancia;
tú que hiciste temblar al mundo entero;
que enarbolaste tu pendón guerrero
en todos los confines de la tierra
y con valor profundo
agrandaste los límites del mundo;
tú que el lábaro santo
de tu fe peregrina
clavaste en la Alhambra granadina
y en las sangrientas aguas de Lepanto;
tú que alumbraste a la humana historia
con los reflejos de tu inmensa gloria,
no puedes perecer, nación guerrera.
Si hoy te humilla derrota pasajera
mañana te alzarás, más grande y fuerte,
sobre el fantasma de tu infausta suerte.
Cuando quede la tierra aniquilada;
cuando el mundo soberbio, cruel y vano
se sepulte en la nada
y en el profundo arcano;
cuando no reste un hombre,
aún vivirá la fama de tu nombre.
....
Patria, en la paz reposa
y prepara afanosa
el hierro poderoso de tu lanza

y jura firme en la sangrienta fosa
de tus hijos, tomar cruda venganza.
Valor, España; generosa y fuerte,
prefiere noble muerte
a contemplar tu pabellón manchado;
muéstrate en tu desgracia más gigante
que en tus sangrientas guerras te has mostrado.
Si tu triste derrota es vergonzosa
de tu propia vergüenza, victoriosa
álzate, erguida en pie. ¡Patria, adelante!

AGUAFUERTE

Soy de los hombres que el dolor no abate
ni la implacable adversidad humilla;
luz de esperanza en mis pupilas brilla,
hirviente sangre en mis arterias late.

Me enamoran los lances del combate
y abandono a la mar mi fuerte quilla,
buscando, como el nauta de Castilla,
tierra que ante mis ojos se dilate.

Sueño con peligrosas aventuras,
con el Sol de gloria que mi paso alumbre;
desdeño las monótonas llanuras

y alzarme quiero a la difícil cumbre,
cual águila que vive en las alturas
sin rendirse a ninguna servidumbre.

1917

SUEÑOS

Sueños de mi niñez: sueños floridos,
que el dolorido corazón añora;
sueños de juventud, sueños de aurora,
de clara luz y de ilusión vestidos.

Sueños de gloria, ya desvanecidos,
¿por qué volvéis a mí tan a deshora?
¿Por qué turbáis mi calma bienhechora
con el loco vibrar de los sentidos?

Ya declina mi vida su carrera
de dolor, de ilusiones y de engaños;
pero, aun soñando, el corazón espera

que a través de sus mismos desengaños
las flores de una nueva primavera
broten entre la nieve de mis años.

1919

Libros a la carta

A la carta es un servicio especializado para
empresas,
librerías,
bibliotecas,
editoriales
y centros de enseñanza;
y permite confeccionar libros que, por su formato y concepción, sirven a los propósitos más específicos de estas instituciones.

Las empresas nos encargan ediciones personalizadas para marketing editorial o para regalos institucionales. Y los interesados solicitan, a título personal, ediciones antiguas, o no disponibles en el mercado; y las acompañan con notas y comentarios críticos.

Las ediciones tienen como apoyo un libro de estilo con todo tipo de referencias sobre los criterios de tratamiento tipográfico aplicados a nuestros libros que puede ser consultado en Linkgua-ediciones.com.

Linkgua edita por encargo diferentes versiones de una misma obra con distintos tratamientos ortotipográficos (actualizaciones de carácter divulgativo de un clásico, o versiones estrictamente fieles a la edición original de referencia). Este servicio de ediciones a la carta le permitirá, si usted se dedica a la enseñanza, tener una forma de hacer pública su interpretación de un texto y, sobre una versión digitalizada «base», usted podrá introducir interpretaciones del texto fuente. Es un tópico que los profesores denuncien en clase los desmanes de una edición, o vayan comentando errores de interpretación de un texto y esta es una solución útil a esa necesidad del mundo académico.

Asimismo publicamos de manera sistemática, en un mismo catálogo, tesis doctorales y actas de congresos académicos, que son distribuidas a través de nuestra Web.

El servicio de «libros a la carta» funciona de dos formas.

1. Tenemos un fondo de libros digitalizados que usted puede personalizar en tiradas de al menos cinco ejemplares. Estas personalizaciones pueden ser de todo tipo: añadir notas de clase para uso de un grupo de estudiantes, introducir logos corporativos para uso con fines de marketing empresarial, etc. etc.

2. Buscamos libros descatalogados de otras editoriales y los reeditamos en tiradas cortas a petición de un cliente.

www.ingramcontent.com/pod-product-compliance
Lightning Source LLC
Chambersburg PA
CBHW031747220426
43662CB00007B/310